Introdução a finanças
fundamentos e práticas

Dados Internacionais de Catalogação na Publicação (CIP)
(Simone M. P. Vieira – CRB 8ª/4771)

Rodrigues. Enrico Fróes
    Introdução a finanças : fundamentos e práticas / Enrico Fróes Rodrigues.
– São Paulo : Editora Senac São Paulo, 2021.

Bibliografia.
ISBN 978-65-5536-750-8 (impresso/2021)
e-ISBN 978-65-5536-751-5 (ePub/2021)
e-ISBN 978-65-5536-752-0 (PDF/2021)

1. Administração financeira   I. Título.

21-1327t   CDD – 658.15
                                                BISAC BUS001010

Índice para catálogo sistemático:
1. Administração financeira 658.15

ENRICO FRÓES RODRIGUES

São Paulo – Editora Senac São Paulo, 2021

ADMINISTRAÇÃO REGIONAL DO SENAC NO ESTADO DE SÃO PAULO
Presidente do Conselho Regional: Abram Szajman
Diretor do Departamento Regional: Luiz Francisco de A. Salgado
Superintendente Universitário e de Desenvolvimento: Luiz Carlos Dourado

EDITORA SENAC SÃO PAULO
Conselho Editorial: Luiz Francisco de A. Salgado
Luiz Carlos Dourado
Darcio Sayad Maia
Lucila Mara Sbrana Sciotti
Luís Américo Tousi Botelho

Gerente/Publisher: Luís Américo Tousi Botelho
Coordenação Editorial/Prospecção: Dolores Crisci Manzano e Ricardo Diana
Administrativo: grupoedsadministrativo@sp.senac.br
Comercial: comercial@editorasenacsp.com.br

Edição e Preparação de Texto: Vanessa Rodrigues
Revisão de Texto: Studio Ayres Produções Gráficas
Projeto Gráfico e Editoração Eletrônica: Veridiana Freitas
Capa: Veridiana Freitas
Imagem de Capa: Adobe Stock
Impressão e Acabamento: Gráfica CS

Proibida a reprodução sem autorização expressa.
Todos os direitos desta edição reservados à
Editora Senac São Paulo
Rua 24 de Maio, 208 – 3º andar
Centro – CEP 01041-000
Caixa Postal 1120 – CEP 01032-970 – São Paulo – SP
Tel. (11) 2187-4450 – Fax (11) 2187-4486
E-mail: editora@sp.senac.br
Home page: http://www.livrariasenac.com.br

© Editora Senac São Paulo, 2021

SUMÁRIO

7 NOTA DO EDITOR

9 PREFÁCIO – **MARCELO BACCI**

15 CAPÍTULO 1. **AS FUNÇÕES DA EMPRESA E SUA ESTRUTURA ORGANIZACIONAL**

29 CAPÍTULO 2. **A ÁREA FINANCEIRA E SUAS RESPONSABILIDADES**

47 CAPÍTULO 3. **CONCEITOS FUNDAMENTAIS E MATEMÁTICA FINANCEIRA**

67 CAPÍTULO 4. **COMO INTERPRETAR E UTILIZAR AS DEMONSTRAÇÕES FINANCEIRAS**

95 CAPÍTULO 5. **GESTÃO DO CAIXA**

113 CAPÍTULO 6. **ANÁLISE DO CAIXA**

131 CAPÍTULO 7. **CONTROLE E AUDITORIA DA ÁREA FINANCEIRA**

147 CAPÍTULO 8. **INTERFACES DA ÁREA FINANCEIRA**

165 CAPÍTULO 9. **O PROFISSIONAL DE FINANÇAS**

187 APÊNDICE – **EVOLUÇÃO DAS FINANÇAS NAS ESTRUTURAS EMPRESARIAIS**

191 REFERÊNCIAS

195 ÍNDICE GERAL

NOTA DO EDITOR

Como instituição educacional de referência para o mundo do trabalho, o Senac São Paulo sempre buscou, em seus livros, atender o leitor em sua necessidade de informação e posicioná-lo como um agente de desenvolvimento da sociedade. As publicações têm um perfil que articula excelência técnica e valores como atitude empreendedora, inclusão e sustentabilidade.

A presente obra é um exemplo desse conceito de trazer conhecimento. Bastante didático nos detalhes técnicos, o autor mostra, com texto objetivo e apoio de estudos de caso, que o fazer profissional de alto nível é aquele que traz junto a responsabilidade social. Não à toa, as bolsas de valores já fazem essa distinção entre as empresas que adotam essa conduta e as que ainda não despertaram.

Essa visão mais ampliada se reflete na própria abordagem do livro. Enquanto muitas obras de finanças têm seu foco na administração financeira ou no mercado de capitais, esta coloca o leitor dentro de uma empresa e o conduz por todos os seus departamentos, mostrando como a área financeira permeia o funcionamento da organização.

Um livro diferenciado, que aprimora estudantes e profissionais mas traz também informação útil e clara para o público em geral interessado no tema.

PREFÁCIO

O compromisso com a construção de um futuro melhor começa pela educação. Por isso, o desenvolvimento das pessoas e os processos de capacitação e inclusão são fundamentais para o avanço do Brasil.

Esse caminho de formação não é fácil. Grande parte dos jovens brasileiros faz jornada dupla – quando não tripla – para ajustar o trabalho com o ensino. Porém, essa busca pelo conhecimento é a base para uma carreira sólida. O avanço profissional está diretamente atrelado ao esforço e ao empenho de cada um.

Comigo também foi assim. Estudei e me dediquei muito para conseguir cursar administração em uma boa instituição no Brasil (a Fundação Getulio Vargas, FGV), com bolsa do Governo do Estado de São Paulo, e, depois, para ser escolhido na empresa em que eu trabalhava para ser bolsista do MBA na Stanford University (Estados Unidos).

Finanças é um termo amplo criado para descrever o trabalho associado ao mercado de capitais, a atividades bancárias, alavancagem, dívida, crédito, controle de receitas, despesas, investimentos. Basicamente, as finanças fazem a gestão do dinheiro e abrangem a supervisão, a criação e o estudo de recursos, créditos, empréstimos e investimentos para futuros projetos de uma companhia.

Os conceitos básicos da área de finanças se originam de princípios ligados à microeconomia e à macroeconomia. Conhecer finanças é fundamental não só para os profissionais da área mas também a todos que querem, de alguma forma, estar ligados a atividades empresariais. Saber controlar despesas, capital de giro, margem de lucro ou detectar a causa um prejuízo são aspectos determinantes na vida de uma pessoa, seja no âmbito pessoal, seja no profissional.

Para atuar nessa área, é fundamental estudar conceitos, sistemas e jargões financeiros. Na sequência, aprender a entender e a interpretar as demonstrações financeiras. Conforme o conhecimento aumenta, é possível atuar no planejamento e na construção dos orçamentos das empresas. Para investir, conhecer o mercado e suas movimentações também são pontos essenciais.

Finanças pode parecer assustador, mas os números já estão presentes em todos os momentos de nossas vidas, e quem se aprofunda no tema tende a ser mais assertivo no processo de tomada de decisão, algo fundamental para alcançar sucesso na jornada pessoal e na profissional.

O economista Benjamin Graham é considerado o primeiro proponente do investimento em valor, indo além da análise numérica. Muitos líderes globais seguem seus ensinamentos, entre eles Warren Buffett, um dos investidores mais importantes do mercado financeiro global, com fortuna estimada em US$ 90 bilhões.

Entendo que, com a pandemia de Covid-19, propósito, ética e foco no longo prazo estarão mais presentes do que nunca em nossas vidas.

Neste livro, Enrico Rodrigues apresenta os fundamentos e as práticas relacionados a finanças de forma muito didática, ensinando a dinâmica da área para jovens que buscam a carreira de financista. Concordo quando ele diz que aptidão e gosto pela área são quesitos importantes para quem deseja trabalhar com números, planilhas e sistemas de gestão. Curiosidade e interesse para estar constantemente informado são características essenciais para uma curva de aprendizado mais rápida. Conhecimentos básicos de finanças trazem robustez de análise e levam a melhores decisões em qualquer aspecto de um negócio, seja no lançamento de um produto ou serviço, na decisão de fazer um investimento ou no estabelecimento de uma política de remuneração.

Como dizia Albert Einstein, a vida é como andar de bicicleta. Mantenha o balanço e você conseguirá seguir em frente. Jovens que lerem, estudarem e se aperfeiçoarem terão, sem dúvida, um futuro brilhante.

Desejo sucesso na jornada profissional de todos!

Marcelo Bacci

CFO e diretor de Relações com Investidores da Suzano.
Conselheiro de Administração da BRF e Veracel

À *Lídice* (in memoriam) *e ao Théo, por tanto amor, pela dedicação e pela doação durante todos esses anos.*

Ao Théo, por cuidar e ajudar a cuidar de tanta coisa durante os últimos 15 anos.

À Lu, a minha infinita gratidão e o meu amor pela dedicação e pelas demonstrações de amor para que este projeto pudesse se concretizar.

Ao João e à Laura, por tanta perfeição, pelos ensinamentos e pelas infinitas injeções de motivação por meio de suas existências.

Ao Miguel, por sua preocupação e seu apoio constantes, sempre com carinho.

CAPÍTULO 1

As funções da empresa e sua estrutura organizacional

NESTE CAPÍTULO, ABORDAREMOS:

→ O SURGIMENTO DAS EMPRESAS E SEU VALOR PARA OS *STAKEHOLDERS*.

→ OS MOTIVOS QUE LEVAM À CRIAÇÃO DE UMA EMPRESA.

→ A EMPRESA E SUA ESTRUTURA INTERNA.

O SURGIMENTO DA EMPRESA
E SEU VALOR PARA OS *STAKEHOLDERS*

Olhando para a História, observamos que, a partir da Revolução Industrial (na segunda metade do século XVIII)[1] e da consequente criação dos motores a vapor, surgiram as primeiras estruturas empresariais. Os equipamentos que fabricavam tecidos passaram a produzir quantidades muito mais expressivas, permitindo o aparecimento de organizações empresariais em toda a Europa.

Com o passar do tempo, tecnologias foram sendo incorporadas. O enriquecimento de diferentes regiões europeias e o aumento da demanda da população decorrente disso fizeram surgir novos mercados para diferentes bens e serviços, o que exigiu que essas primeiras empresas fossem se organizando e se ampliando cada vez mais.

A configuração do trabalho de maneira mais racional e eficiente tornou-se um dos alicerces da estrutura empresarial atual. Por essa configuração mais eficiente podemos entender, por exemplo, a especialização do trabalhador, a sua produtividade, a divisão e o desenho de cargos, a uniformização de tarefas e a revisão de custos.

A empresa é uma entidade legal constituída por um grupo de indivíduos, designada para executar determinada atividade e remunerar o capital empregado no ato de sua fundação – ou seja, dar o retorno ao dinheiro investido.

STAKEHOLDERS
Pessoas/agentes envolvidos direta ou indiretamente na atividade da empresa. É a cadeia de relacionamento que a empresa possui. Ela (a empresa) pode impactar os stakeholders (clientes, fornecedores, governos, órgãos de regulamentação, sindicatos, associações de moradores etc.) ou ser impactada por eles.

---

[1] Na Revolução Industrial, iniciada na Inglaterra por volta de 1760, ocorreu uma verdadeira ruptura tecnológica, com duas mudanças fundamentais no processo de produção. Uma delas: o trabalho do artesão, pessoa que acompanhava todo o processo produtivo (matéria-prima, elaboração do produto e comercialização), foi substituído pelo trabalho assalariado. Com isso, houve a introdução de novas formas de trabalho, como a divisão acentuada das funções, a produção em escala e a divisão em etapas. A outra mudança consistiu no desenvolvimento de motores que foram acoplados às estruturas de produção, anteriormente manufatureiras. Foi um momento revolucionário na História e que explica a formação das empresas atuais. Para se aprofundar no tema, uma sugestão é assistir ao clássico *Tempos modernos* (1936), filme de Charles Chaplin.

Entretanto, o seu conceito se torna bem mais amplo quando consideramos que uma empresa é um agente de transformação e de geração de valor em uma sociedade. Uma companhia gera empregos diretos, injetando renda nas famílias. Gera, ainda, empregos indiretos ao contratar fornecedores, que, por sua vez, precisam também contratar mão de obra para atender à demanda da contratante.

A atividade da empresa proporciona arrecadação de impostos, taxas e contribuições que devem ser aplicados na sociedade. Os tributos foram originalmente criados para dar suporte ao crescimento do país e trazer bem-estar à sua população. Sua função primordial é a conversão em benefício social aos contribuintes. Todos os tributos arrecadados nas três esferas (municipal, estadual e federal) devem oferecer compensação aos cidadãos em forma de serviços diversos para todos. Além de pagar os funcionários do governo, esses recursos devem retornar em programas de saúde, segurança pública, construção de infraestrutura, entre outras diversas finalidades.

A empresa traz com ela um papel de responsabilidade social, pois deve conduzir toda a sua atividade de acordo com a legislação, seja ela trabalhista, fiscal, ambiental ou administrativa, dando maior segurança e respaldo aos agentes que estão envolvidos direta ou indiretamente com a sua atividade.

Adam Smith, filósofo e economista britânico (1723-1790), entre as inúmeras teorias amplamente utilizadas na atualidade, destacou que as empresas não devem atuar somente visando à maximização de lucro. Na realidade, o lucro é uma consequência da sua atuação correta enquanto geradora de valor para a sociedade. Tal valor pode ser traduzido em produção de bens e serviços de qualidade para atender a necessidades diversas de pessoas, famílias, outras empresas e do próprio Estado. Pode, também, expressar-se em aspectos éticos, considerando que explorar o trabalhador ou fazer promessas aos clientes, que não são possíveis de cumprir, pode colocar em risco o futuro da empresa, levando a uma possível destruição de valor para a sociedade. Segundo Smith, a origem do lucro é uma consequência da "simpatia moral" da empresa aos olhos da sociedade.

EXEMPLO PRÁTICO

Suponha que uma empresa decida instalar uma fábrica em determinada cidade por questões estratégicas. Naturalmente, essa cidade verá diversas transformações econômicas, sociais ou mesmo culturais.

A empresa precisará contratar mão de obra. Dessa forma, empregará diretamente inúmeras pessoas de sua região. E a cidade terá maior arrecadação de tributos, em razão da cadeia de atividades desenvolvidas pelo modelo de negócio.

A região atrairá mais pessoas e até outras empresas (fornecedoras da principal), o que causará uma expansão na estrutura local, impactando setores diversos, como imobiliário/moradias, escolas, farmácias, hospitais, comércios e obras de urbanização, entre inúmeras outras atividades demandadas como consequência do estabelecimento da companhia nesse local.

Foi o que aconteceu com a instalação do setor de exploração e produção de petróleo nos estados do Rio de Janeiro e do Espírito Santo, que culminou com o crescimento e a prosperidade de diversas cidades diretamente relacionadas ao setor.

POR QUE CONSTITUIR UMA EMPRESA?

Diversos fatores motivam pessoas ou grupos econômicos a constituir uma empresa. A operação de atividades por meio de uma "personalidade" jurídica faz com que tenhamos uma sociedade separada daquela dos indivíduos que a detêm, a compõem ou cooperam com a sua atividade.

As características de uma empresa podem ser sintetizadas nos itens abaixo.

- Duração perpétua. Isto é, quando abrimos uma empresa, não consideramos que funcionará por um período restrito ou predeterminado. Partimos da premissa de que ela irá durar ao longo do tempo.

- Possibilidade de planejamento tributário. Diferentemente de uma pessoa física, uma empresa oferece possibilidades de análises tributárias ou estudo de benefícios fiscais relacionados à atividade-fim buscando uma gestão mais eficaz. Por vezes, o próprio governo incentiva a instalação de uma empresa em determinado local para desenvolver aquela área.

- Possibilidade de planejamento sucessório (no caso de empresas familiares).

- Credibilidade, demonstrando que as informações divulgadas sobre a empresa são críveis e buscam a sua continuidade.

- Incremento dos controles internos e aplicabilidade de auditoria.

- Transferência de propriedade.

- Proteção de ativos.

ATIVOS
São os bens e direitos de uma empresa. Uma estrutura empresarial é capaz de proteger e gerar ganhos sobre um ativo mais facilmente do que um indivíduo sozinho.

Para que uma empresa tenha um propósito e possa vislumbrar possibilidades de sucesso, os sócios devem considerar alguns fatores no momento de sua constituição:

- identificar que os produtos e serviços ofertados serão capazes de propor uma solução consistente para determinado problema ou determinada necessidade de mercado;

- estar seguros de que possuem entendimento e conhecimento suficientes sobre o setor no qual atuarão;

- garantir que o modelo de negócio[2] conseguirá gerar valor aos *stakeholders* e remunerar o capital deles por meio de lucro e aumentando o valor de mercado da empresa;

- alinhar bem as funções e atividades que caberão a cada um, o tempo que dedicarão à empresa e as suas expectativas pessoais em relação à evolução dos negócios.

---

2 O modelo de negócio consiste na maneira pela qual o negócio (atividade-fim) da empresa está estruturado. Descreve a lógica da criação de valor e da operacionalização para que a organização atinja seu objetivo e apresente os resultados desejados.

Modelo de negócio

Feitas essas considerações iniciais, devemos pensar no modelo de negócio das empresas, analisado sob diferentes óticas possíveis, mostradas a seguir.

- **Segmento:**
  - » agrícola;
  - » industrial;
  - » comercialização;
  - » prestação de serviços.

- **Quotistas/acionistas:**
  - » individual;
  - » sociedade.

- **Natureza:**
  - » estatal ou pública;
  - » privada;
  - » parceria público-privada;
  - » microempreendedor individual (MEI);
  - » *start-up*, ou seja, empresas que estão iniciando suas atividades e buscam ser inovadoras no mercado em que atuam;
  - » organizações não governamentais (ONGs).

Caso você tenha interesse em se aprofundar sobre cada um desses tópicos, sugerimos que acesse sites relacionados a associações profissionais e conselhos das áreas de administração e de contabilidade, facilmente encontrados em sites de buscas.

A EMPRESA E SUA ESTRUTURA INTERNA

As empresas são divididas em hierarquias, permitindo que todos os colaboradores tenham a localização da sua área e a visão da companhia como um todo (e, assim, possam se sentir parte dela). Tal divisão se faz necessária para organizar o trabalho, os papéis que cada um vai cumprir e as responsabilidades.

É de extrema importância que os níveis hierárquicos se relacionem da forma mais profissional possível, sem que haja qualquer forma de opressão, ameaça ou mesmo assédio. A alocação de cada colaborador em determinado nível hierárquico deve estar diretamente ligada ao seu grau de maturidade, ao conhecimento sobre a atividade a ser desempenhada e à senioridade (tempo de experiência) compatível com aquela função. A sua promoção deve estar relacionada à meritocracia e à avaliação feita pelos gestores com métodos desenvolvidos e aplicados pela área de Recursos Humanos.

Uma empresa é composta por áreas, cada uma delas responsável por um segmento ou núcleo de conhecimento e especialização necessários para o bom funcionamento do negócio. Cada área atua conforme um planejamento e uma organização feitos para que seus objetivos sejam atendidos, observando as normas da empresa e executando suas atividades com transparência, ética e responsabilidade.

Mostraremos agora como uma empresa costuma ser organizada. O organograma (figura 1) permite visualizar uma forma tradicional de estrutura interna de médias e grandes empresas. Destacamos que, em pequenas empresas ou *start-ups*, não existe essa diversidade de nível de segregação de áreas. Nas pequenas empresas, existirão pequenas áreas nas quais as funções apresentadas na figura estarão compactadas ou fundidas.

Figura 1. Organograma corporativo.

ASG* — Presidência — AUDITORIA

Comercial/Marketing | Operações | Logística e Suprimentos | Jurídica | Recursos Humanos | Financeira

ASG: Ambiental, Social e Governança.

Ambiental, Social e Governança (ASG)

Essa é uma área que permeia todas as outras, exigindo que os requisitos legais sejam cumpridos e criando instrumentos adicionais para que a empresa esteja alinhada com as boas práticas ambientais, sociais e de governança corporativa.[3] Esses conceitos vêm ganhando cada vez mais relevância no mundo empresarial, e a organização que não demonstre estar cumprindo essas normas ou mostre não ter essa cultura como parte do seu dia a dia pode, inclusive, enfrentar restrições de crédito ou dificuldades de acesso a outros produtos financeiros. Além disso, pode ter sua imagem prejudicada perante seu público e a sociedade em geral.

Auditoria

Trata-se de uma área independente e que, na maior parte das empresas, reporta-se diretamente aos acionistas, ao Conselho Consultivo ou ao Conselho de Administração. Cabe a ela garantir que todas as normas e todos os procedimentos estejam acontecendo corretamente. Tem também a atribuição de reportar ao Conselho Consultivo ou ao Conselho de Administração quaisquer evidências ou ocorrências de fraude, bem como de desvio de processo ou conduta, para que sejam tomadas as medidas cabíveis.

Presidência

Está no topo da hierarquia organizacional, e todas as demais áreas da empresa respondem a ela. A presidência também é a responsável por manter os acionistas ou conselheiros da empresa a par não só da execução das diretrizes mais importantes definidas por eles como também dos principais temas que estão impactando os negócios, seja positivamente, seja negativamente.

---

3 Conjunto de ações e formalizações feitas na empresa buscando minimizar fraudes e ter um fluxo de processos de acordo com a legislação vigente e as práticas de mercado e que passem conforto aos sócios, investidores, fornecedores e demais interlocutores.

CEO
Sigla de chief executive officer, ou seja, o executivo no topo da hierarquia.

Cabe ao presidente – ou ao CEO – olhar para dentro de toda a organização, entendendo plenamente sobre a atividade-fim da empresa e garantindo a qualidade da execução das estratégias estabelecidas. Ele deve, ainda, cuidar de seus assuntos externos, que envolvem o relacionamento com a sociedade e o governo, além de fazer a análise das tendências de mercado e de possibilidades de alianças estratégicas e aquisições de outras empresas.

Comercial/Marketing

É responsável pelas vendas da empresa, ou seja, por atender diretamente aos clientes. Cabe a essa área estar sempre atualizada sobre novas tendências de mercado e demandas do público. Deve, também, cuidar da prospecção e da atualização do portfólio de produtos ou serviços oferecidos pela empresa, zelando pelo relacionamento com os clientes. A área comercial precisa, ainda, estar atenta com relação aos concorrentes, às novas empresas que possam entrar no mercado e aos novos produtos e serviços que o mercado possa demandar.

Sobre a função de marketing, entre as principais atividades dessa área estão a produção e a implementação de campanhas de divulgação da empresa e de seus produtos ou serviços, assim como cuidar da gestão de sua imagem e de suas marcas no mercado.

Operações

Uma vez que a área comercial feche o contrato com o cliente, a de operações fica responsável por fazer toda a operacionalização, seja na elaboração do produto ou na prestação de serviço com a máxima qualidade possível. Qualquer erro, defeito ou má qualidade no produto ou na prestação do serviço afeta diretamente a área comercial e seu relacionamento com o cliente.

Logística e Suprimentos

Deve providenciar todos os materiais necessários para a elaboração do produto ou do serviço oferecido pela empresa. É responsável por negociar todas as compras, bem como transportes e armazenagens. Trabalha buscando constantemente otimizar a quantidade certa e a qualidade das compras, o prazo de entrega dos produtos e a quantidade a ser estocada, de modo que não deixe faltar algum insumo ou não compre demais e haja custos desnecessários de estocagem. Qualquer falha na área de logística pode afetar o trabalho de Operações, que talvez não consiga produzir o material ou estruturar o serviço dentro do prazo acordado entre o cliente e a área comercial, prejudicando também esta última.

Jurídica

Trata-se de uma área bastante complexa e importante, pois é responsável por controlar as obrigações da empresa, como licenciamento e obrigações em órgãos ambientais e reguladores; confeccionar e acompanhar os contratos com clientes e fornecedores, e gerir os processos que a empresa possa vir a enfrentar, entre outras atividades.

Recursos Humanos

Como o próprio nome sugere, essa área e sua equipe devem zelar por todos os temas relacionados ao quadro de colaboradores da empresa. Entre as diversas funções exercidas pelo RH, estão:

- cuidar da documentação, do cadastro, da contratação e da demissão de funcionários;
- relacionar-se com sindicatos e fornecedores de benefícios a funcionários;
- atrair, reter, desenvolver, reconhecer os funcionários;

- dar suporte a todas as demais áreas da empresa em todos os assuntos que dizem respeito aos seus recursos humanos;
- alinhar a comunicação interna e buscar garantir que todos os colaboradores estejam cientes das políticas da empresa.

Financeira

Trata-se de uma das áreas mais relevantes e é responsável por dirigir e controlar as finanças de uma companhia. Deve sempre estar alinhada com a atividade-fim e os objetivos da empresa para que possa equalizar toda a necessidade financeira presente e de médio prazo, além de planejar o cenário financeiro para o futuro da empresa, sempre estando atenta às variáveis que possam impactar e/ou colocar em risco a atividade-fim. Sua importância justifica o próximo capítulo, no qual vamos detalhar a estrutura da área financeira das empresas e falar sobre as principais subáreas que a compõem.

RESUMO DE PONTOS FUNDAMENTAIS DESTE CAPÍTULO:

→ FATORES QUE GERAM OU INFLUENCIAM A CONSTITUIÇÃO DE UMA EMPRESA.

→ CARACTERÍSTICAS DE UMA EMPRESA.

→ PAPEL SOCIOECONÔMICO DE UMA COMPANHIA.

→ DEPARTAMENTOS DE UMA EMPRESA E A IMPORTÂNCIA DE SUA ESTRUTURA HIERÁRQUICA.

ESTUDO DE CASO

Motivação para a abertura de uma empresa

Um estudante de 15 anos gostava de fazer palha italiana (o doce à base de brigadeiro e biscoito triturado) em casa e levar de lanche na escola. Seus amigos sempre pediam uma mordida e, com o passar do tempo, o estimularam a levar algumas unidades a mais, para serem vendidas. A hora do intervalo virou uma "disputa".

Quando o estudante entrou na universidade para cursar administração, sua palha italiana, a partir do "boca a boca", em pouco tempo ganhou fama não apenas entre os colegas (do curso e de outras faculdades) como também ficou conhecido no bairro. O estudante passou a fazer entregas de patinete, além de aceitar encomendas de lojas que revendiam o doce e até para eventos.

Nesse momento, já famoso em determinada região da sua cidade, surgiu o convite para que participasse de um famoso programa de TV. A demanda "explodiu", e ele percebeu que a sua estrutura informal, instalada na casa dos pais, não tinha mais como ser mantida.

Assim, ele decidiu abrir uma empresa, estruturar seu modelo de negócio e melhorar sua gestão. Tudo isso para tornar a produção e a comercialização da palha italiana mais organizadas e profissionais.

Mudou-se para um espaço maior, trabalhando com 15 pessoas, a um ritmo de produção crescente até se capitalizar e conseguir se mudar novamente, desta vez para uma pequena fábrica.

A partir desse momento, o jovem – que era o detentor de todo o conhecimento – passou a ter de *delegar diversas funções* que acumulava (produção, divulgação em mídias sociais, compra dos ingredientes, embalagem e distribuição dos doces) a outras pessoas, outros setores, assumindo uma função mais executiva.

A empresa passou a se preocupar com *responsabilidade socioambiental*: por exemplo, tiveram a ideia de transformar a lata de leite condensado (que usavam como insumo e era descartada como lixo) em embalagem para as palhas italianas, e essa característica fortaleceu muito a marca da empresa, ganhando o produto ainda mais elogios e reconhecimento de seus consumidores.

Caro leitor, observe que esse caso trata exatamente de conceitos descritos neste capítulo aplicados totalmente à prática, sendo esse um exemplo de sucesso.

Para discussão

» *O que o jovem poderia ter feito para não criar um caos na casa dos pais?*

» *Por que a necessidade de ele sair do dia a dia da produção e passar a atuar de forma mais estratégica?*

» *Reflita sobre os novos desafios do estudante ao se tornar uma empresa e aumentar a sua produção: aumento de custos, logística e transporte dos produtos, investimentos em publicidade etc.*

EXERCÍCIOS PROPOSTOS

1. Como se deu o surgimento das empresas e qual é a importância delas nos dias de hoje? Cite os ganhos que vão além dos financeiros.

2. Quais são as motivações para constituir uma empresa? Reflita sobre os obstáculos que ainda precisam ser superados por pequenas e médias empresas.

3. Discorra sobre a estrutura organizacional de uma empresa. Identifique os principais pontos de ligação entra a área financeira com cada uma das demais áreas da companhia.

4. Reflita sobre a estrutura financeira para as *start-ups* de pequeno e médio portes.

5. Por que é necessário que uma empresa tenha uma estrutura hierárquica?

6. Busque pesquisar o seu entendimento sobre ASG (ESG em inglês, de *Environmental, Social, and Governance)*. Trata-se de um conceito importantíssimo e que permeia todas as áreas de uma empresa.

CAPÍTULO 2

A área financeira e suas responsabilidades

NESTE CAPÍTULO, ABORDAREMOS:

→ O CONCEITO DE FINANÇAS.

→ A ABRANGÊNCIA DAS FINANÇAS.

→ AS SUBÁREAS DA DIRETORIA FINANCEIRA.

CONCEITO DE FINANÇAS

A palavra "finanças" se origina do francês medieval *finance*, que significa término de uma dívida, quitação, e do latim *finis*, também relacionado a fim de dívida. Ao longo do tempo, esse conceito foi se transformando e se ampliando até chegarmos à abrangência atual.

O dicionário Aurélio (1999) define essa palavra como "a ciência e a profissão do manejo do dinheiro [...]". O dicionário de Oxford menciona que se trata dos recursos utilizados para gerenciar um negócio, uma atividade ou um projeto. Aswath Damodaran,[1] uma das referências mundiais no assunto, define as finanças corporativas como todas as decisões que uma empresa toma que podem afetar as suas finanças.

As finanças tratam de processos, instituições, mercados e instrumentos envolvidos no fluxo dos recursos entre pessoas, empresas e governos.

Estudar finanças pode prepará-lo não apenas para carreiras no setor de serviços financeiros mas também para as finanças pessoais, diretamente relacionadas às tarefas cotidianas. Considerando que estudar finanças deixa o indivíduo com maior bagagem técnica e acadêmica, ao se deparar com situações práticas, ele estará apto a tomar as melhores decisões para uma boa alocação de recursos limitados.

---

[1] Damodaran é professor na Stern School of Business, da Universidade de Nova York, onde leciona disciplinas relacionadas às finanças corporativas. Tem diversos livros publicados, que são adotados ou citados em praticamente todos os cursos de finanças. Ele tem seu próprio site, no qual compartilha artigos, aulas e informações para quem busca se aprofundar no tema. Disponível em: http://pages.stern.nyu.edu/~adamodar/New_Home_Page/CFin/CF.htm. Acesso em: 5 maio 2021.

ABRANGÊNCIA DAS FINANÇAS

Neste livro vamos focar o estudo de finanças voltado para as empresas ou corporações. Entretanto, cabe destacar outras definições, como finanças pessoais e finanças públicas, que não são menos relevantes e cuja complexidade faz com que existam livros e componentes curriculares de cursos específicos para tratar desses temas.

Finanças é um ramo do conhecimento bastante amplo e que pode ser aplicado em diversas vertentes e variados segmentos de atuação. Ele nos remete imediatamente a palavras como dinheiro, administração de recursos, lucro, banco, investimentos, fluxo de caixa, mercado financeiro, entre inúmeras outras. Todos esses termos estão sempre associados aos recursos financeiros e à sua gestão.

Quaisquer que sejam a natureza de uma empresa e a sua atividade-fim, a falta de entendimento dos conceitos financeiros, a aplicação incorreta deles e a ausência de uma atuação colaborativa da área financeira com as demais áreas podem colocar a empresa como um todo em risco.

Considerando que os objetivos das finanças são tratar da gestão do dinheiro e otimizar a utilização dos recursos, podemos citar alguns exemplos em que o relacionamento da Diretoria Financeira com as outras áreas pode ser crucial.

Figura 1. Relacionamento entre Diretoria Financeira e as demais áreas de uma empresa.

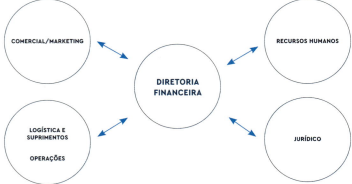

Relacionamento com a área comercial

A revisão dos contratos com a área comercial é imprescindível. A Diretoria Financeira deve atentar a diversas variáveis que não são de domínio de quem está vendendo: prazos de recebimento, análise de crédito do cliente, garantias eventualmente envolvidas no contrato, gestão do caixa para arcar com os gastos iniciais do projeto ou do serviço para aquele cliente.

Quanto às campanhas de marketing, sejam para a divulgação da empresa, sejam para a captação de clientes, elas devem demonstrar que o seu retorno, ou seja, o benefício financeiro que trará à empresa é superior ao desembolso com essas frentes de atuação.

Relacionamento com o RH

O treinamento de um colaborador – ou seja, fazer com que ele passe a entender do negócio e da atividade-fim da empresa e possa amadurecer e crescer dentro da área financeira – custa tempo e horas empenhadas do colaborador que será destacado para capacitar a pessoa a ser treinada.

Dessa forma, o RH deve zelar para que, no momento da contratação, o colaborador tenha o perfil da vaga (e também da própria empresa) e que, durante o período em que estiver trabalhando, ele se sinta satisfeito, perceba que está contribuindo para a equipe e deseje continuar na empresa por um período de tempo relevante.

Além disso, o custo da rotatividade de funcionários (*turnover*) e a curva de aprendizado (o desenvolvimento dos colaboradores) não podem ser desprezados.

Relacionamento com Logística e Suprimentos e com Operações

Os controles nas áreas de logística e de operações devem ser rigorosos para que não haja qualquer desperdício financeiro, seja relacionado ao preço ou à qualidade do fornecedor contratado, seja na logística de movimentação de carga, material ou mesmo equipamento necessário à prestação de um serviço.

Se estivermos tratando de uma empresa que atue com importação ou exportação, a variável da taxa de câmbio pactuada na compra ou na venda de moeda negociada em operações e contratos de comércio exterior é de extrema importância. Além de negociar um custo de transação que seja o mais competitivo possível, a área financeira deve atentar para a análise total da exposição da empresa às oscilações das taxas de câmbio e de seus compromissos ou direitos em moedas estrangeiras.

Relacionamento com a área jurídica

O Jurídico deve blindar a empresa, analisando todos os seus contratos de forma minuciosa, minimizando a possibilidade de processos. Além disso, a área jurídica deve estar atenta às obrigações de licenças de operação e/ou licenças ambientais, bem como interagir com a equipe encarregada do recolhimento de tributos, para que nenhuma decisão de planejamento tributário seja tomada expondo a empresa. Qualquer ocorrência pode gerar uma contingência[2] e, posteriormente, custos e prejuízos à companhia.

AS SUBÁREAS DA DIRETORIA FINANCEIRA

Como apresentado no capítulo anterior, a Diretoria Financeira é responsável por atividades como consolidar e acompanhar o orçamento da empresa; processar todos os pagamentos e recebimentos; zelar pelos recursos financeiros; contabilizar e emitir os relatórios financeiros (que serão estudados no capítulo 4); apurar e recolher corretamente os tributos, entre outras.

---

2 Os planos de contingência são executados para evitar que qualquer evento de impacto ou crise afete o funcionamento ou a saúde financeira da empresa. Exemplos: um plano de prevenção a desastres ambientais, reserva financeira para possíveis incidentes, seguros para proteção de ativos, colaboradores, máquinas e equipamentos, ou mesmo ações para evitar acidentes de trabalho.

Além de todas essas funções, a área desempenha um papel extremamente relevante no acompanhamento da operação e do planejamento estratégico futuro.

A figura 2 apresenta um modelo de estrutura de Diretoria Financeira que contempla as subáreas da forma mais abrangente possível. Aqui também vale a ressalva feita na figura 1 do capítulo anterior: dependendo do tamanho da empresa, as subáreas estarão estruturadas de forma diferente, adequando-se à estrutura.

Figura 2. Modelo de Diretoria Financeira.

A seguir, vamos detalhar as funções de cada uma dessas subáreas que formam a Diretoria Financeira.

Faturamento e Contas a Receber

Uma vez que a área comercial feche um contrato com um cliente e o serviço seja prestado ou o material seja vendido (a depender das cláusulas contratuais), a empresa está pronta para iniciar a cobrança de seu cliente, ou seja, faturar para o cliente. Ela emite uma fatura/nota fiscal, de modo que ele possa ter um documento com valor fiscal para processar o pagamento e, assim, demarcar a conclusão do contrato firmado.

Ao emitir uma NF, a empresa deve atentar para destacar todos os tributos[3] aplicáveis àquela atividade, que devem ser pagos na data correta de vencimento, respeitando a legislação vigente em nosso país.

As figuras 3 e 4 apresentam exemplos de notas fiscais.

Figura 3. Nota fiscal de prestação de serviços.

---

[3] O sistema tributário brasileiro é extremamente complexo. Existem inúmeros impostos, taxas, contribuições a serem destacados nas notas fiscais. Isso varia conforme a natureza do serviço prestado, o tipo de produto vendido e o local onde a empresa está instalada, com datas de vencimentos diferentes.

Figura 4. Nota fiscal de venda de produto.

NOTA FISCAL N°000.001

[X] SAÍDA [ ] ENTRADA

EMITENTE

XYZ Ind.Com.

XYZ Industria e Comercio

Bairro/Distrito:

UF: SP

CEP

CNPJ

1ª VIA

DESTINATÁRIO/REMETENTE

DATA-LIMITE PARA EMISSÃO

00.00.00

NATUREZA DA OPERAÇÃO	CFOP	INSC. ESTADUAL DO SUBSTITUTO TRIBUTÁRIO	INSCRIÇÃO ESTADUAL
Venda de prod. Do estabelecimento	5.401		

DESTINATÁRIO/REMETENTE

NOME/RAZÃO SOCIAL	CNPJ/CPF	DATA DA EMISSÃO
xxxxxxxxxxxxxxxxxxxxxxxxxxxxxxxxxxxxxxxxxxxxx		12 02 2009

ENDEREÇO	BAIRRO/DISTRITO	CEP	DATA SAÍDA/ENTRADA
			12 02 2009

MUNICÍPIO	FONE/FAX	UF	INSCRIÇÃO ESTADUAL	HORA DA SAÍDA
São Paulo		SP		11:00

FATURA

DADOS DO PRODUTO

CÓDIGO PRODUTO	DESCRIÇÃO DOS PRODUTOS	CF	SIT. TRIB.	UNID	QUANTIDADE	VALOR UNITÁRIO	VALOR TOTAL	ALÍQUOTAS ICMS	ALÍQUOTAS IPI	VALOR DO IPI
111	Pneus para motocicleta	1	010	Unid	3	93,00	279,00	18%	15%	41,85

CÁLCULO DO IMPOSTO

BASE DE CÁLCULO DO ICMS	VALOR DO ICMS	BASE DE CÁLCULO ICMS SUBSTIT.	VALOR DO ICMS SUBSTITUIÇÃO	VALOR TOTAL PRODUTOS
279,00	50,22	513,36	42,18	279,00
VALOR DO FRETE	**VALOR DO SEGURO**	**OUTRAS DESPESAS ACESSÓRIAS**	**VALOR TOTAL DO IPI**	**VALOR TOTAL DA NOTA**
			41,85	363,03

TRANSPORTADOR/VOLUMES TRANSPORTADOS

NOME/RAZÃO SOCIAL	FRETE POR CONTA 1. EMITENTE 2. DESTINATÁRIO	PLACA DO VEÍCULO	UF	CNPJ/CPF
	[1]			

ENDEREÇO	MUNICÍPIO	UF	INSCRIÇÃO ESTADUAL

QUANTIDADE	ESPÉCIE	MARCA	NÚMERO	PESO BRUTO	PESO LÍQUIDO

DADOS ADICIONAIS

(1) 4011.40.00 Imposto Retido (cada mercadoria): B.C. ICMS Retido R$ 171,12 ICMS Retido R$ 14,06	RESERVADO AO FISCO	N.º DE CONTROLE DO FORMULÁRIO

DADOS DA AIDF E DO IMPRESSOR

RECEBEMOS DE (RAZÃO SOCIAL DO EMITENTE) OS PRODUTOS CONSTANTES DA NOTA FISCAL INDICADA AO LADO

DATA DO RECEBIMENTO	IDENTIFICAÇÃO E ASSINATURA DO RECEBEDOR	NOTA FISCAL N° 000.001

Uma vez faturado, o cliente tem um prazo para pagar à empresa. Esse prazo consta do contrato celebrado entre as partes (comprador e vendedor).

Os prazos de recebimento variam conforme o ramo de negócio da empresa, as condições comerciais acordadas e, principalmente, conforme a procedência, a fidelidade e a robustez financeira do cliente.

Caso o cliente não pague, caberá à área jurídica ou ao pessoal de cobranças entrar em contato com o cliente para negociar ou mesmo executar judicialmente esse recebimento pendente.

Contas a Pagar

Essa subárea faz mais do que apenas pagar as contas ou faturas recebidas. Além de deixar todo o lote de pagamentos prontos e repassá-los à Tesouraria, que os efetua, Contas a Pagar deve estar extremamente atenta a diversas etapas e cumpri-las. Essas etapas são apresentadas a seguir.

- Zelar pelo correto cadastro dos dados de pagamento ao fornecedor.

- Seguir procedimentos rigorosos envolvendo a verificação da procedência e da autenticidade da fatura; atestar se o pagamento dela está devidamente aprovado por Compras (subárea de outra área da empresa, em geral a suprimentos) e pelo requisitante daquele material ou serviço; programar o pagamento na data correta, para que não se criem atritos entre fornecedor e empresa; atentar para que a mesma fatura não seja paga em duplicidade, entre outras atribuições dessa natureza.

- Informar a Tesouraria, responsável pela gestão do caixa, sobre eventuais propostas feitas pelos fornecedores de antecipação de pagamentos. Por exemplo, caso Compras tenha negociado com determinado fornecedor um prazo de pagamento de 45 dias e, após essa negociação, o fornecedor ofereça um desconto caso a empresa antecipe a quitação, a subárea de Contas a pagar encaminha a proposta à Tesouraria, para que esta verifique se há dinheiro em caixa e se o desconto, de fato, vale a pena.

- Atentar para as diferentes naturezas dos pagamentos: pagamento a fornecedores; pagamentos internos da empresa (como reembolsos a funcionários decorrentes de pequenos deslocamentos, alimentação ou material de valores baixos); pagamentos a agências de viagem; reposição do caixa pequeno, entre outros.

CAIXA PEQUENO

Quantia em espécie que algumas áreas podem vir a ter para cobrir desembolsos ou adiantamentos emergenciais, previstos claramente na política financeira da empresa. A área ou o colaborador responsável por esse valor deve guardá-lo em lugar extremamente seguro, prestar as contas dentro do prazo, conferir a procedência dos pagamentos executados com aqueles valores e até mesmo responder pela quantia – que, na maioria das vezes, não é alta (nem é recomendável que o seja).

Tesouraria

A subárea de tesouraria é a "zeladora" do caixa, responsável por processar os pagamentos e fazer a rotina de fechamento diário do caixa. Essa atividade consiste em acompanhar todos os recebimentos e pagamentos previstos para cada dia. A partir do saldo em conta, de entradas de caixa, de saídas de caixa, o tesoureiro consegue saber se pode aplicar os recursos excedentes ou resgatá-los de uma aplicação financeira em caso de necessidade de caixa.

A figura 5 apresenta um modelo simplificado de gestão do caixa diário, durante uma semana.

Figura 5. Fluxo de caixa.

Fluxo de caixa diário – em R$	2ª	3ª	4ª	5ª	6ª
Saldo de abertura nos bancos	30.000	50.000	50.000	50.000	50.000
Total de entradas (+)	100.000	350.000	5.000	500.000	700.000
Cliente A	100.000				100.000
Cliente B		350.000			
Cliente C				500.000	600.000
Devolução de fornecedor			5.000		
Total de pagamentos (-)	80.000	120.000	700.000	100.000	1.380.000
Fornecedor	80.000	120.000	200.000	70.000	380.000
Folha salarial					1.000.000
Impostos			500.000		
Viagens				30.000	
Saldo preliminar (necessidade ou sobra de caixa)	50.000	280.000	-645.000	450.000	-630.000
Aplicação (-) ou resgate (+) dos recursos investidos	0	-230.000	695.000	-400.000	680.000
Saldo final dos bancos	50.000	50.000	50.000	50.000	50.000

Além disso, a Tesouraria é responsável pelo relacionamento com bancos e seguradoras, por auxiliar a equipe de planejamento e orçamento a fazer o fluxo de caixa de longo prazo e por administrar os riscos financeiros que possam vir a gerar impacto no caixa da empresa, sempre com foco em manter um nível de caixa mínimo para garantir a liquidez.

Em resumo, a subárea de tesouraria deve garantir caixa e financiamento suficientes, identificando e mitigando os riscos financeiros, incentivando e dando o exemplo de uma cultura de boas práticas financeiras na empresa.

Contabilidade

É a responsável pelo registro de todos os movimentos da empresa: faturamento, baixa de recebimentos, entradas e saídas de caixa, provisão de gastos, registros dos recolhimentos de tributos. Além disso, gera os relatórios financeiros mensais da companhia.

A Contabilidade registra, organiza, acompanha e analisa as movimentações financeiras do mês, compilando-as formalmente no sistema em que a companhia opera.

Ao término do fechamento contábil, a Contabilidade emite os relatórios financeiros que a subárea de orçamento e gestão analisa e gera os relatórios aos executivos da companhia.

Fiscal/Tributária

Essa subárea cuida de assuntos extremamente sensíveis, pois tem a responsabilidade de apurar todos os tributos a pagar, bem como de compensar e apresentar todas as obrigações aos órgãos competentes, como a Receita Federal e o Banco Central.

Seu trabalho inicia com a escrituração fiscal de todas as notas que passaram pela empresa naquele mês. A escrituração fiscal consiste

---

LIQUIDEZ

Disponibilidade de caixa. A empresa nunca pode ficar sem liquidez, isto é, sem caixa, mesmo que tenha de buscar alguma forma de financiamento: empréstimos, alongamento de prazos de pagamento, negociação de alongamento de prazo de pagamento com fornecedores, antecipar recebíveis de clientes etc.

PROVISÃO

Conceito estritamente contábil. Provisionar consiste em alocar, a cada mês, gastos que deveriam ter ocorrido, mas não aconteceram e certamente irão ocorrer. Existe a certeza de que aquele evento se concretizará. Portanto, a provisão é uma forma de destinar uma reserva contábil para tal evento.

no registro ou na formalização de toda a movimentação financeira que servirá de base para o cálculo e o recolhimento dos tributos.

O cumprimento do calendário fiscal – mensal e anual – é de suma importância, pois valores pagos incorretamente ou fora do prazo geram multas bastante altas para a companhia. Além disso, o correto arquivamento de toda a documentação e a fácil rastreabilidade das informações são ações relevantes, que contribuirão muito em caso de uma fiscalização.

Apesar de essa subárea parecer bastante operacional e processual, passando a impressão de um caráter burocrático, ela vai além, exercendo um papel de extrema utilidade para o equilíbrio financeiro de uma empresa. Ela é responsável por estudar benefícios fiscais governamentais concedidos a determinados setores e promover a eventual adesão da empresa a eles, o que resulta em menor recolhimento. Além disso, essa subárea busca compensações ou possíveis créditos tributários.

É muito importante que a equipe fiscal/tributária conte com um especialista ou um consultor, pois a legislação, além de complexa, está a todo instante sofrendo alterações e novas interpretações pelos órgãos fiscalizadores.

Orçamento e Gestão

É responsável por fornecer, aos executivos, as informações e a análise de que eles precisam para acompanhar o negócio e tomar decisões. Essa subárea, ao analisar os dados financeiros da empresa, deve ser capaz de perceber tendências e desvios, monitorar a execução operacional e financeira e apresentar opções ou recomendações de decisões estratégicas, considerando fatores econômicos e de negócios. Tem, ainda, a responsabilidade de conectar o planejamento estratégico de longo prazo feito pela administração à realidade.

Além de fazer a análise crítica dos resultados, a subárea elabora o orçamento anual da empresa e o atualiza durante o ano, se necessário. Mensalmente, a equipe de Orçamento e Gestão verifica se existem desvios na execução desse orçamento, bem como as causas desses eventuais desvios (sejam eles positivos ou negativos), e recomenda as ações cabíveis. Para isso, seus profissionais devem ter um extenso conhecimento do desempenho histórico da empresa, além de pleno entendimento dos fatores e tendências que podem impactar a atividade da companhia.

É uma subárea que tem contato com todas as demais áreas e subáreas da empresa, incluindo Operações, Comercial/Marketing, Tesouraria e Contabilidade.

EXEMPLO PRÁTICO

A relevância da subárea Orçamento e Gestão ficou bem evidente no ano de 2020, quando, por força da pandemia, todas as empresas no mundo tiveram de revisar seus planejamentos financeiros. A partir do momento em que todas as premissas[4] foram alteradas drasticamente, o orçamento para os anos de 2020 e 2021 sofreu alteração relevante.

[4] Ao fazer a projeção dos negócios, a subárea de orçamento e gestão considera um conjunto de hipóteses que embasam essa análise. Esse conjunto é formado pelas premissas. Como exemplos de premissas podemos citar os números projetados de taxa de câmbio, juros, inflação, nível de demanda dos serviços ou produtos da empresa, aumentos salariais e contratação de funcionários.

Nas grandes empresas

Por fim, a figura 6 apresenta uma outra tradicional divisão da Diretoria Financeira, mais típica das grandes empresas. Nessas companhias maiores, passa a existir um gestor financeiro ou um *controller*. Esses profissionais realizam análises financeiras mais densas, fazem a contabilidade gerencial (consolidando os dados das subáreas) e se reportam diretamente ao diretor financeiro.

Figura 6. Modelo alternativo de configuração da Diretoria Financeira, com inclusão da Controladoria.

RESUMO DE PONTOS FUNDAMENTAIS DESTE CAPÍTULO:

→ O QUE SÃO FINANÇAS.

→ RELEVÂNCIA DA ÁREA FINANCEIRA E SUAS INTERFACES COM OS *STAKEHOLDERS*.

→ VISÃO GERAL DAS SUBÁREAS DA DIRETORIA FINANCEIRA.

→ COMO O FLUXO OPERACIONAL DA EMPRESA SE REFLETE NA ÁREA FINANCEIRA.

ESTUDO DE CASO

Relação entre área financeira e cliente

Considere uma empresa de venda de computadores na qual você seja o gestor da área financeira. Vamos analisar três tipos de clientes, descritos a seguir.

» Uma *start-up* que deseja comprar somente um computador. Você aceitaria quais meios de pagamento? Qual seria a forma de parcelamento? Daria desconto se ela lhe pagasse à vista em vez de pagar parcelado?

» Uma empresa de pequeno porte que fará uma compra de 20 computadores. Você sabe que ela não fará nova compra no curto ou no médio prazo. Você aplicaria o mesmo preço cobrado no caso anterior para cada unidade, considerando esse volume de vendas? Aceitaria parcelar em mais vezes? Daria um desconto maior que o do caso anterior?

» Uma empresa de grande porte que, todos os meses, compra computadores na sua empresa. Como ela tem uma quantidade de colaboradores muito grande, a demanda é constante para renovação dos equipamentos, aquisição de computadores mais novos etc. Você aceitaria parcelar ainda mais vezes para essa empresa? Daria 60 dias para que ela começasse a pagar? Estudaria um grande desconto caso ela decidisse pagar à vista?

Todas as respostas a essas perguntas poderão ser dadas após uma análise robusta da situação cadastral/financeira de cada um dos clientes. As empresas interessadas em adquirir computadores com prazo de pagamento estendido ou qualquer outro tipo de negociação financeira deverão ter seu cadastro analisado.

Para discussão

» *Quais documentos do cliente você solicitaria para analisar e tomar a sua decisão?*

» *Quais os possíveis impactos financeiros gerados por uma análise financeira equivocada?*

EXERCÍCIOS PROPOSTOS

1. Com base nos conceitos apresentados sobre finanças, discuta a sua abrangência não somente do ponto de vista empresarial. Reflita, também, sobre os aspectos sociais e ambientais vinculados a ela.

2. Pesquise sobre momentos em que a interação entre a área financeira e as demais áreas de uma empresa são imprescindíveis. Em sua opinião, quais pontos podem vir a ser críticos?

3. Com base na apresentação das subáreas da Diretoria Financeira, busque entender a importância de cada uma delas para a operação de uma empresa. Não se preocupe em esgotar todos os conceitos, pois ainda estamos no início da nossa jornada.

4. Do ponto de vista social, reflita sobre cada um destes pontos relacionados às finanças em nosso cotidiano:

   - pesquisar preços;
   - exigir notas nas compras;
   - pagar em dia os tributos;
   - dar preferência a fornecedores com preocupações socioambientais;
   - gerar empregos;
   - integrar o conhecimento a temas como meio ambiente, trabalho, consumo, inclusão de pessoas na sociedade.

CAPÍTULO 3

Conceitos fundamentais e matemática financeira

NESTE CAPÍTULO, ABORDAREMOS:

→ DEFINIÇÕES E CONCEITOS PARA DESVENDAR AS FINANÇAS E ATUAR NA ÁREA.

→ FERRAMENTAS MATEMÁTICAS APLICADAS ÀS FINANÇAS.

→ A PRESENÇA DOS INDICADORES FINANCEIROS E ECONÔMICOS NO DIA A DIA.

→ O VALOR DO DINHEIRO NO TEMPO.

POR QUE PRECISAMOS ALINHAR ESSES ASSUNTOS?

Simplesmente, porque eles são imprescindíveis para que estudantes e profissionais possam de fato compreender finanças e desempenhar bem suas atividades.

No caso da matemática financeira – ou matemática aplicada às finanças –, ela é utilizada diariamente nas rotinas financeiras. Serve de apoio às empresas nas tomadas de decisões, das mais simples às mais complexas.

Além desses cálculos do dia a dia, o leitor que terá contato com finanças deve levar outros importantes conhecimentos: princípios de macroeconomia, temas básicos de contabilidade e a consciência de como o valor do dinheiro sofre alterações ao ser analisado ao longo do tempo.

MATEMÁTICA APLICADA ÀS FINANÇAS

Chamamos de matemática financeira a área da matemática direcionada às finanças. Ela estuda o comportamento do dinheiro no tempo e dá as ferramentas corretas para que as decisões sejam tomadas com exatidão, reduzindo a possibilidade de a empresa obter prejuízos.

Estamos falando aqui de conceitos extremamente necessários para um estudante ou um profissional da área exercer sua atividade e ser capaz, entre outros exemplos, de:

- comparar os custos de uma compra à vista com os de uma compra a prazo;
- calcular o desconto a ser concedido a um fornecedor;

- calcular e comparar as taxas de aplicações e investimentos;
- decidir sobre a tomada de um empréstimo ou um financiamento.

Os principais conceitos ligados à matemática financeira são apresentados a seguir.

Regra de três

Utilizamos esse tipo de cálculo quando precisamos descobrir a proporcionalidade entre duas variáveis.

Vamos supor que os diretores de uma empresa tenham direito ao reembolso de 100 litros de gasolina por mês. Considerando que o litro da gasolina está custando em média R$ 5, o gasto total médio mensal será de R$ 500 por diretor.

Se a empresa mudar seu escritório para um local mais distante e alterar a política interna, permitindo o reembolso de 120 litros de gasolina por mês, poderemos calcular o novo gasto total médio por diretor da seguinte forma:

100 litros está para R$ 500 assim como 120 litros está para R$ X.

E o cálculo ocorrerá na forma mostrada abaixo, em que X é o novo valor a ser desembolsado:

100 * X = 500 * 120

= 100 * X = 60.000

= X = 60.000 / 100

= X = 600

Assim, o novo valor a ser reembolsado para cada diretor deverá ser de R$ 600 por mês.

Juros simples

O valor a ser corrigido é atualizado periodicamente somente sobre o capital inicial. A taxa pactuada incide apenas sobre o valor inicial em questão. Nesse caso, não há incidência de juros sobre o saldo.

As seguintes variáveis devem ser consideradas para o cálculo:

C (capital emprestado ou investido), i (taxa de juros ao período), n (número de períodos de duração do fluxo) e Sf (saldo final do capital emprestado ou investido).

E o cálculo deve ser feito pela fórmula:

Sf = C + (C * i * n)

Utilizando os conceitos acima, vamos supor que uma empresa tome um empréstimo de R$ 100.000 para a aquisição de um caminhão. O prazo do empréstimo será de doze meses, calculado a juros simples pela taxa de 3% ao mês. Ao final desse prazo, a empresa deverá quitar integralmente o saldo devedor.

Qual será o saldo devedor a ser quitado pela companhia ao final do 12º mês?

Sf = C + (C * i * n)

Em que:

Sf = 100.000 + (100.000 * 3% * 12) =

Sf = 100.000 + 36.000 = 136.000

É possível, ainda, estruturar o cálculo em uma tabela, mostrada na figura 1.

Figura 1. Juros simples.

n	Saldo inicial	Juros	Capital	Saldo final
0	-	-	100.000	100.000
1	100.000	3.000	-	103.000
2	103.000	3.000	-	106.000
3	106.000	3.000	-	109.000
4	109.000	3.000	-	112.000
5	112.000	3.000	-	115.000
6	115.000	3.000	-	118.000
7	118.000	3.000	-	121.000
8	121.000	3.000	-	124.000
9	124.000	3.000	-	127.000
10	127.000	3.000	-	130.000
11	130.000	3.000	-	133.000
12	133.000	3.000	-	136.000

Observe que os juros são calculados *apenas sobre o capital*.

Juros compostos

Nesse caso, o saldo final é sempre calculado sobre o saldo devedor do período anterior, que segue acumulando a soma dos juros ao longo dos meses.

Utilizando as mesmas variáveis do exemplo do empréstimo para a aquisição do caminhão, a fórmula para o cálculo será:

$Sf = Si * (1 + i) \hat{} \; n$

Em que:

$Sf = 100.000 * (1 + 3\%) \hat{} \; 12 =$

$Sf = 100.000 * (1,03) \hat{} \; 12 =$

$Sf = 100.000 * (1,42576) = 142.576$

Estruturando o cálculo em uma tabela, tal qual o exemplo anterior, teremos o que é mostrado na figura 2.

Figura 2. Juros compostos.

n	Saldo inicial	Juros	Capital	Saldo final
0	-	-	100.000	100.000
1	100.000	3.000	-	103.000
2	103.000	3.090	-	106.090
3	106.090	3.183	-	109.273
4	109.273	3.278	-	112.551
5	112.551	3.377	-	115.927
6	115.927	3.478	-	119.405
7	119.405	3.582	-	122.987
8	122.987	3.690	-	126.677
9	126.677	3.800	-	130.477
10	130.477	3.914	-	134.392
11	134.392	4.032	-	138.423
12	138.423	4.153	-	142.576

Observe que os juros são calculados *sobre o saldo do período anterior* e deixam de ter um valor constante.

Reforçando, então: no cálculo dos juros simples, a incidência dos juros se dá sempre sobre o valor inicial do capital inicial, enquanto no método dos juros compostos, os juros incidem sempre sobre o saldo do período anterior acrescido dos juros.

No primeiro caso, o valor dos juros aumenta de forma linear, enquanto no segundo conceito, o montante cresce de forma exponencial, pois há a sobreposição de juros sobre juros.

O quadro 1 apresenta uma comparação entre os dois conceitos em seus principais aspectos.

Quadro 1. Comparação de conceitos (juros simples × juros compostos).

TÓPICO	JUROS SIMPLES	JUROS COMPOSTOS
Definição	São calculados sempre sobre o valor do capital inicial.	São calculados sempre sobre o valor do capital inicial somado aos juros acumulados dos períodos anteriores.
Apropriação dos juros	De forma simples, somados ao saldo linearmente.	Exponencial, sempre adicionados ao saldo do período anterior.
Incidência dos juros	Sobre o capital inicial.	Sobre o saldo do período anterior acrescido de juros.
Fórmula	$J = C * i * n$	$J = C * (1 + i)^n$
Crescimento do saldo	Linear.	Exponencial.
Comportamento do capital	Constante.	Crescente.
Comparação do retorno	Baixo.	Alto.
Incidência	Operações financeiras mais simples, de curto prazo, sem o objetivo de alto retorno sobre o capital.	Operações financeiras de longo prazo, com objetivo de rentabilizar o capital de forma mais eficaz.

Sistemas de amortização

AMORTIZAÇÃO
Fluxo de pagamento ou de quitação de um financiamento ou de um empréstimo tomado. É a prestação paga pelo tomador de acordo com o prazo estabelecido. Nessas parcelas estão incluídos parte do pagamento do montante principal (montante inicialmente emprestado) e juros.

Na contratação de um empréstimo – seja por empresa, seja por pessoa física –, são pactuadas a taxa de juros a ser cobrada e a garantia a ser oferecida. Além disso, definem-se o prazo e a forma para a quitação do saldo devedor.

Existem dois sistemas de amortização ou duas maneiras de calcular a forma de amortização comumente utilizados: Sistema de Amortização Constante (Sistema SAC) e Sistema Price (ou Sistema de Prestação Constante).

Sistema SAC

No Sistema de Amortização Constante, o valor amortizado é periodicamente o mesmo. Nesse caso, o montante quitado do valor principal inicialmente é constante. Dessa forma, a parcela paga de forma periódica terá nela a amortização sempre no mesmo valor, além dos juros daquele período.

> **PRINCIPAL**
> O montante adquirido inicialmente no empréstimo.

A figura 3 apresenta a simulação de um empréstimo de R$ 100.000 a uma taxa de 3% ao período, que será amortizado em dez prestações.

Figura 3. Sistema SAC.

	a	b	c	d	e
n	Saldo inicial	Valor financiado (Vf)	Juros (3%)	Amortização	Prestação/ parcela paga	Saldo final
0	-	100.000	-	-	-	100.000
1	100.000		3.000	-10.000	-13.000	90.000
2	90.000		2.700	-10.000	-12.700	80.000
3	80.000		2.400	-10.000	-12.400	70.000
4	70.000		2.100	-10.000	-12.100	60.000
5	60.000		1.800	-10.000	-11.800	50.000
6	50.000		1.500	-10.000	-11.500	40.000
7	40.000		1.200	-10.000	-11.200	30.000
8	30.000		900	-10.000	-10.900	20.000
9	20.000		600	-10.000	-10.600	10.000
10	10.000		300	-10.000	-10.300	-

Onde:

b = 3% * a

c = e0 / 10, em que 10 é o número de amortizações

d = b + c

e = a + b – d

Sistema Price ou Sistema de Prestação Constante

No Sistema Price, o valor da prestação é mantido constante. Dessa forma, tanto o montante amortizado quanto os juros variam a cada parcela quitada.

A figura 4 assume as mesmas premissas (capital, taxa e prazo) da figura 3.

Figura 4. Sistema Price.

	a	b	c	d	e
n	Saldo inicial	Valor financiado (Vf)	Juros (3%)	Amortização	Prestação/parcela paga	Saldo final
0	-	100.000	-	-	-	100.000
1	100.000	-	3.000	-8.723	-11.723	91.277
2	91.277	-	2.738	-8.985	-11.723	82.292
3	82.292	-	2.469	-9.254	-11.723	73.038
4	73.038	-	2.191	-9.532	-11.723	63.506
5	63.506	-	1.905	-9.818	-11.723	53.688
6	53.688	-	1.611	-10.112	-11.723	43.576
7	43.576	-	1.307	-10.416	-11.723	33.160
8	33.160	-	995	-10.728	-11.723	22.432
9	22.432	-	673	-11.050	-11.723	11.382
10	11.382	-	341	-11.382	-11.723	-

Em que:

b = 3% * a

c = d + b

$e = a + b - d$

$d = Vf * K$, em que Vf = valor financiado

e $k = i * (1 + i) \char`^ n / (1 + i) \char`^ n - 1$, em que n = número de parcelas a serem amortizadas e i = taxa de juros no mesmo formato do período de amortização (mensal, semestral, anual...)

Quadro 2. Comparação entre os métodos de amortização.

INFORMAÇÕES	SISTEMA SAC	SISTEMA PRICE
Definição	Amortização constante.	Prestação constante.
Prestações	Valor decrescente, pois os juros são menores a cada prestação.	Idênticas.
Amortização	Constante.	Crescente.
Outras	Parcela inicialmente maior, mas total de juros pagos menor.	Parcela inicial, normalmente, bem mais baixa, entretanto maior pagamento de juros ao longo de todo o fluxo.

PRINCIPAIS INDICADORES FINANCEIROS E ECONÔMICOS E SEUS IMPACTOS NO DIA A DIA

Ao seguir em frente na carreira de finanças, você entrará cada vez mais em contato com expressões ou indicadores particulares a essa área. Trata-se de conceitos fundamentais para se desenvolver enquanto estudante ou profissional e ter uma visão mais ampla sobre os impactos das finanças no dia a dia.

Alguns desses termos são explicados a seguir.

Produto Interno Bruto (PIB)

O Produto Interno Bruto de um país ou uma região é o somatório de toda a sua produção ou da sua geração de riqueza. É a medição de quanto foi gerado de produtos e serviços no local e no período analisados. A partir da análise desse "medidor de riqueza produzida", conseguimos traçar comparações e tendências sobre a atividade econômica da região em análise.

Variáveis como consumo, investimento, gastos governamentais, importações e exportações impactam diretamente o PIB.

Inflação

É a variação positiva (aumento) dos preços de bens e serviços diretamente relacionados à atividade econômica. Ela é medida por diferentes índices de preços, formados a partir da coleta de preços dos itens que os compõem em diferentes regiões do país. Os mais comuns são o Índice Geral de Preços - Mercado (IGP-M) e o Índice Nacional de Preços ao Consumidor Amplo (IPCA), entre muitos outros com focos em diversos setores.

Neste momento, é importante termos claro o conceito e estarmos cientes de que uma inflação muito alta faz com que o poder de compra do cidadão se reduza ao longo do tempo.

Cabe citar a existência do conceito de deflação, ou seja, redução dos preços, que pode trazer um quadro de retração do PIB ou mesmo ser reflexo dessa redução.

Taxa de juros

É o valor "acordado" entre as partes para o cálculo dos juros que incidirão sobre um empréstimo ou, então, sobre a rentabilização de um recurso investido.

Quando falamos de transações entre partes – aplicação ou empréstimos –, a taxa de juros varia conforme o prazo, o valor da transação e a estrutura de garantias da operação.

Taxa Selic

Trata-se da taxa básica de juros da economia do Brasil. Serve de referência para todas as demais taxas de mercado envolvendo empréstimos, financiamentos e aplicações financeiras. Mas o fato de ser uma referência e apontar um viés não significa que todas as demais taxas da economia convirjam para ela. Existem inúmeras taxas cobradas pelo mercado com magnitudes alinhadas a diversos outros fatores.

VIÉS
Direção, tendência. Ao determinar a taxa de juros Selic, o Banco Central indica se o viés é de alta, de baixa ou neutro.

Taxa de câmbio

É a cotação da moeda de um país comparada à das moedas de outros países. Em nosso caso, vamos falar do valor do real frente às demais moedas do mundo. Atualmente, a taxa de câmbio do nosso país é flutuante. Significa que o seu preço é determinado de acordo com a oferta e a demanda pelas diferentes moedas.

Entretanto, em alguns momentos da nossa história, a taxa de câmbio já foi declarada fixa ou com sistema de bandas, permitindo a oscilação em um intervalo de cotação estabelecido, cabendo ao Banco Central esse monitoramento e sua execução.

EXEMPLO PRÁTICO

Nos jornais, rádios e portais de notícias, é comum encontrarmos manchetes que refletem o que falamos até aqui neste capítulo:

Estados Unidos anunciam aumento da taxa básica da sua economia.

China aumenta drasticamente a compra de soja e demais produtos do Brasil.

Taxa Selic cai de 16% para 2% ao ano.

Esses eventos citados cima têm, em comum, o fato de impactarem a taxa de câmbio. Eles impactam o preço em razão da lei da oferta e da demanda, ou seja, pelo aumento da compra ou pelo aumento da venda da moeda em questão.

O risco país

» Considerando que existem outras nações no mundo cuja economia é mais estável que a do Brasil, não compensa ao investidor externo assumir o "risco país" e manter seus recursos aqui investidos se pode conseguir taxas com rentabilidade semelhante em países de maior estabilidade econômica. Dessa forma, o investidor "recolhe" os seus reais que estão no mercado local, compra dólares (por exemplo) e os envia para outro país. Como a procura pelo dólar aumentará, automaticamente o seu preço subirá. Mais reais precisarão ser desembolsados para a compra de dólares.

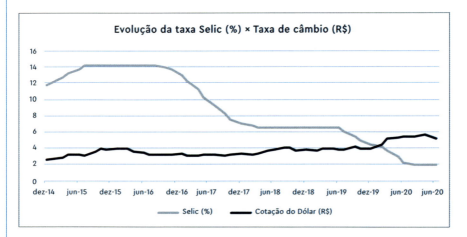

Fonte: Banco Central do Brasil.

VALOR DO DINHEIRO NO TEMPO

Quando observamos uma linha do tempo e, nela, o gerenciamento do dinheiro, trazemos um conceito financeiro importante. A tomada de decisão e as escolhas nesse intervalo podem gerar ganhos ou perdas financeiras.

Portanto, o valor do dinheiro no tempo deve ser cautelosamente analisado quando tomamos decisões.

A inflação é uma das variáveis que podem gerar impacto nessa mensuração, assim como a taxa de juros pela qual o dinheiro é corrigido ao longo do período.

Vamos fazer um exercício a partir dessa questão:

O que o cidadão prefere: receber R$ 10.000 em 1º de janeiro e utilizá-lo ou aplicar esse montante para receber R$ 12.000 em 31 de dezembro?

Seguem algumas hipóteses que influenciarão diretamente essa decisão, possibilitando diferentes respostas à pergunta feita acima.

Vamos analisar o valor do dinheiro nesse intervalo de tempo, em que a variação de R$ 10.000 para R$ 12.000 nos mostra uma rentabilidade de 20% naquele ano.

- Em janeiro, o cidadão tem uma dívida de R$ 9.000 no cheque especial, cuja a taxa é de 92% ao ano. Nesse caso, é compensador, para ele, receber os R$ 10.000 de imediato e cobrir o saldo devedor, pois a taxa do cheque especial (92% ao ano) é muito superior à taxa oferecida de rentabilidade (20% ao ano).

- Em janeiro, o gerente do banco oferece ao cidadão uma aplicação que lhe renderá 15% ao ano. Dessa forma, ele não aceitará receber os R$ 10.000 em janeiro para aplicá-los a 15% ao ano, pois a taxa inicialmente oferecida é de 20% ao ano.

- Naquele ano, a inflação prevista é de 18%. Com essa inflação projetada, ele perderá poder de compra ao longo do ano, pois R$ 10.000 em janeiro equivalerão a R$ 11.800 em dezembro, caso o montante seja corrigido pela inflação. Ele terá um ganho real de R$ 200, pois R$ 1.800 terão sido "consumidos" pela inflação. Assim, ele deverá aceitar aplicar o dinheiro a 20%, pois esse rendimento será superior à inflação.

- Considerando esse mesmo cenário de expectativa de 18% de inflação, um outro banco oferece ao cidadão a possibilidade de aplicar os R$ 10.000 em janeiro e receber, em dezembro, a correção pela inflação mais R$ 500. Assim, ele terá os R$ 10.000 corrigidos a 18% (inflação), o que lhe dará R$ 11.800 ao fim do ano, mais os R$ 500, totalizando R$ 12.300. Nesse caso, não compensa, para ele, esperar para receber os R$ 12.000 somente em dezembro.

RESUMO DE PONTOS FUNDAMENTAIS DESTE CAPÍTULO:

→ A IMPORTÂNCIA DE CONCEITOS BÁSICOS PARA A COMPREENSÃO DO TEMA FINANÇAS.

→ FUNDAMENTOS DE MATEMÁTICA FINANCEIRA.

→ A APLICAÇÃO DE TERMOS DA ÁREA NO DIA A DIA.

→ OS PRINCIPAIS INDICADORES FINANCEIROS E ECONÔMICOS.

→ A COMPREENSÃO DE QUE O DINHEIRO TEM O SEU VALOR ALTERADO AO LONGO DO TEMPO E DAS VARIÁVEIS QUE INFLUENCIAM ESSE PROCESSO.

ESTUDO DE CASO

A importância da poupança

Vamos supor um jovem que, após concluir a sua graduação, aos 23 anos, comece a trabalhar. Ele tem a consciência de que precisa poupar para garantir que, no futuro, tenha uma renda complementar à sua aposentadoria.

Como será inviável traçar um perfil de poupança para todos os jovens, vamos delimitar algumas premissas para este estudo. São as apresentadas abaixo.

» Período da poupança: de 23 a 60 anos.

» Idade em que poderá ocorrer o resgate: 65 anos.

» O percentual do valor poupado será alterado conforme o salário for aumentando.

» Não estamos considerando o efeito da inflação no tempo. Seu impacto será zero.

» Para facilitar o cálculo, a renda será sempre considerada de forma anual, representando o total de 13 salários.

» A partir dos 45 anos, o salário ficará estagnado até os 60 anos.

» A taxa de juros pela qual o dinheiro irá render será sempre de 4% ao ano.

Considerando essas premissas acima, temos o fluxo de poupança ao longo dos anos conforme mostra a figura abaixo.

Idade		13 salários por ano	Número de anos	% poupado
De	Até			
23	25	26.000	3	8%
26	28	33.800	3	10%
29	32	39.000	4	15%
33	36	46.800	4	18%
37	39	52.000	3	18%
40	42	58.500	3	20%
43	45	61.100	3	22%
46	60	71.500	15	28%
61	65	-	5	0%

Como exemplo, temos que, aos 23 anos, poupando 8% do seu salário anual, ele poupará R$ 2.080 naquele ano. Levando ao valor futuro – ou seja, até os 60 anos –, o montante de R$ 2.080 poupado aos 23 anos equivalerá a R$ 8.878.

Se fizermos essa conta para cada ano, ele terá um saldo acumulado de R$ 825.000 aos 60 anos.

Idade	23	24	25	26	27	28	29	30
Valor poupado	2.080	2.080	2.080	3.380	3.380	3.380	5.850	5.850
Valor futuro	8.878	8.536	8.208	12.825	12.332	11.857	19.733	18.974

Idade	31	32	33	34	35	36	37	38
Valor poupado	5.850	5.850	8.424	8.424	8.424	8.424	9.360	9.360
Valor futuro	18.244	17.542	24.289	23.355	22.457	21.593	23.070	22.182

Idade	39	40	41	42	43	44	45	46
Valor poupado	9.360	11.700	11.700	11.700	13.442	13.442	13.442	20.020
Valor futuro	21.329	25.636	24.650	23.702	26.184	25.177	24.208	34.668

Idade	47	48	49	50	51	52	53	54
Valor poupado	20.020	20.020	20.020	20.020	20.020	20.020	20.020	20.020
Valor futuro	33.335	32.053	30.820	29.634	28.495	27.399	26.345	25.332

Idade	55	56	57	58	59	60		
Valor poupado	20.020	20.020	20.020	20.020	20.020	20.020		
Valor futuro	24.357	23.421	22.520	21.654	20.821			

Valor futuro com 60 anos	825.814
Valor futuro com 65 anos	1.004.729

Considerando que ele poderá não utilizar esses recursos dos 61 até os 65 anos, o montante será investido a 4% ao ano, totalizando uma quantia de aproximadamente R$ 1.000.000 aos 65 anos.

Nesse exemplo, como podemos ver, consideramos os salários mensais crescendo, em etapas, de R$ 2.000 a R$ 5.500 por mês. Aos 46 anos, ele atingirá o seu mais alto salário, que ficará estagnado até os seus 60 anos.

Dessa forma, concluímos dois efeitos relevantes:

» o impacto dos juros compostos ao longo dos anos é significativo;
» é de extrema importância poupar uma parcela da sua renda, desde quando começar a trabalhar.

Para discussão

» *Após o caso acima, você repensaria a sua forma de consumir? Prefere comprar hoje o melhor celular ou abrir mão de um de maior valor e comprar um modelo abaixo?*
» *Se entrasse um dinheiro não esperado (por exemplo, uma pequena quantia em herança) durante esses anos, o que você faria?*

EXERCÍCIOS PROPOSTOS

1. Suponha que a sua companhia tome um empréstimo de R$ 100.000, por doze meses, calculado a juros simples, ao custo de 1% ao mês. Qual será o valor a ser pago ao final do 12º mês?

2. Agora, calcule o saldo a ser pago ao fim do 12º mês considerando as mesmas variáveis do item 1, entretanto calculando a juros compostos.

3. Simule os fluxos dos itens 1 e 2 no Excel.

4. A partir dessa simulação, calcule como seria a amortização do saldo a partir do 13º mês para o cenário de juros compostos por 24 meses. Faça o cálculo pelo Sistema SAC e, também, pelo Sistema Price.

5. Discuta com colegas ou procure refletir a relação entre as variáveis, conforme os cenários abaixo.

    (a) País com inflação alta, e o governo aumenta a taxa básica de juros significativamente. O que esperar do comportamento do câmbio e da inflação?

    (b) País com um crescimento baixo do PIB, e o governo reduz drasticamente a taxa de juros. Com isso, estimula a retomada da economia. O que esperar do comportamento do câmbio e da inflação?

6. Considere uma taxa de juros de 13% ao ano. Você tem as opções apresentadas a seguir.

    (a) Receber R$ 12.000 hoje.
    (b) Receber R$ 40.000 em dez anos.
    (c) Receber R$ 130.000 em vinte anos.

    Leve em consideração que (a) equivale a 4 celulares, (b) equivale a 1 carro e (c) equivale a 50% de uma casa. Qual opção você escolheria?

CAPÍTULO 4

Como interpretar e utilizar as demonstrações financeiras

NESTE CAPÍTULO, ABORDAREMOS:

→ CONCEITOS CONTÁBEIS INTRODUTÓRIOS.

→ OS TRÊS PRINCIPAIS DEMONSTRATIVOS FINANCEIROS.

→ APLICAÇÃO DESSES CONCEITOS À REALIDADE DAS FINANÇAS.

CONCEITOS CONTÁBEIS

Quem atua na área de finanças e domina conceitos contábeis desenvolve uma visão bastante ampla sobre a empresa na qual trabalha, além de uma capacidade de análise mais completa a partir dos números observados nas demonstrações financeiras.

A Contabilidade é responsável por registrar todos os movimentos que afetam o patrimônio da empresa e nos permite analisar e interpretar os números apresentados.

Os relatórios apresentados por essa subárea da Diretoria Financeira, a Contabilidade, servem de base para que os executivos tomem decisões estratégicas. Eles geram informações por meio das quais é possível se antecipar a alguns possíveis problemas que os números podem estar sinalizando: redução do caixa, aumento na inadimplência dos clientes, alta nos encargos financeiros, redução de vendas de determinado produto ou serviço, entre outros.

Muitas empresas têm as suas demonstrações financeiras (conjunto de relatórios gerados pela Contabilidade) auditadas por empresas externas e independentes. Com isso, garante-se que os números apresentados sejam fidedignos, isto é, reais e autênticos, sem qualquer manipulação fraudulenta.

A partir dessas demonstrações financeiras, bancos, seguradoras e fornecedores podem fazer uma análise mais completa e aprovar ou não os limites de crédito da empresa, caso ela assim necessite.

Dependendo do tipo ou da natureza da empresa, existe a obrigatoriedade de divulgar seus relatórios trimestralmente ou anualmente. Entretanto, para fins de processo e análise, as empresas fazem o fechamento contábil e geram esses relatórios internamente todos os meses.

Analisados de maneira conjunta, fornecem uma visão completa sobre a situação financeira da empresa. Neste capítulo, vamos apresentar os três principais relatórios que constituem as demonstrações financeiras de uma empresa, seus conceitos e as informações relevantes a serem extraídas de cada um deles: a Demonstração do Resultado do Exercício, o Balanço Patrimonial e a Demonstração do Fluxo de Caixa.[1]

DEMONSTRAÇÃO DO RESULTADO DO EXERCÍCIO (DRE)

A Demonstração do Resultado do Exercício reflete toda a informação necessária para chegarmos ao resultado líquido da empresa.

Esse relatório contábil apresenta, em uma sequência lógica e determinada pela legislação, todas as informações operacionais e não operacionais que compõem o resultado da empresa no período em análise. Ele resume as receitas, os custos e as despesas incorridos pela empresa em determinado período.

A DRE é reportada considerando o exercício financeiro, refletindo o resultado com abertura mensal ou mesmo acumulado, entre os meses de janeiro a dezembro de cada ano. Por esse motivo, costuma ser o relatório mais visto, por demonstrar rapidamente quanto de lucro ou de prejuízo foi gerado por uma empresa naquele período.

Para uma análise bem-feita, é sempre importante acompanhar a sua evolução no ano em questão e, ainda, compará-la aos anos anteriores.

A figura 1 mostra uma DRE padrão, e nela podemos observar as principais linhas que a compõem e a distribuição dos períodos. Para entender essa figura, devemos considerar que:

---

[1] Entre os diversos conceitos contábeis, é importante neste momento destacar também o *regime de competência*, que nada mais é do que a forma pela qual os registros contábeis são feitos. Tanto a Demonstração do Resultado do Exercício como o Balanço Patrimonial são enquadrados nesse regime, que determina que o registro contábil seja efetuado obrigatoriamente no exato momento em que ocorre, ou seja, na mesma competência. No fim do capítulo, vamos demonstrar como o regime de competência conversa com o caixa da empresa, pois nem tudo o que é registrado naquele período tem impacto imediato nesse caixa.

- **u:** resultado acumulado do 1º trimestre. Portanto, a soma dos meses de janeiro, fevereiro e março;
- **v:** resultado acumulado do 2º trimestre, somando os meses de abril, maio e junho;
- **w:** o total acumulado performado no 1º semestre;
- **x, y:** cada mês do 3º trimestre, individualmente;
- **z:** somatório acumulado no ano até o mês de agosto.

Figura 1. Exemplo de DRE.

	Em R$ mil	u	v	w = (u+v)	x	y	z = w + x + y
	DRE	**1T**	**2T**	**1S**	**Jul**	**Ago**	**Total acumulado**
a	**RECEITA OPERACIONAL BRUTA**	**840**	**900**	**1.740**	**350**	**470**	**2.560**
	VENDA DE MERCADORIAS	420	450	870	160	140	1.170
	VENDA DE PRODUTOS	280	300	580	90	150	820
	PRESTAÇÃO DE SERVIÇOS	140	150	290	100	180	570
b	**IMPOSTOS SOBRE RECEITA BRUTA**	**-168**	**-180**	**-348**	**-70**	**-94**	**-512**
c = a - b	**RECEITA OPERACIONAL LÍQUIDA**	**672**	**720**	**1.392**	**280**	**376**	**2.048**
d	**CUSTOS**	**-500**	**-534**	**-1.034**	**-224**	**-217**	**-1.475**
	MERCADORIA VENDIDA	-260	-279	-539	-99	-87	-725
	PRODUTO VENDIDO	-140	-150	-290	-45	-50	-385
	SERVIÇO VENDIDO	-100	-105	-205	-80	-80	-365
e = c - d	**LUCRO ou PREJUÍZO OPERACIONAL BRUTO**	**172**	**186**	**358**	**56**	**159**	**573**
f = e /c	*Margem operacional*	*26%*	*26%*	*26%*	*20%*	*42%*	*28%*
g	**DESPESAS OPERACIONAIS**	**-55**	**-60**	**-115**	**-18**	**-51**	**-183**
	VENDAS	-25	-27	-52	-8	-23	-83
	MARKETING	-20	-22	-42	-7	-18	-67
	ADMINISTRATIVAS	-10	-11	-21	-3	-9	-33

	Em R$ mil	u	v	w = (u+v)	x	y	z = w + x + y
	DRE	**1T**	**2T**	**1S**	**Jul**	**Ago**	**Total acumulado**
h = e − g	**LUCRO ANTES DOS JUROS, IMPOSTOS, DEPRECIAÇÃO E AMORTIZAÇÃO (LAJIDA*)**	117	127	244	38	108	390
i	DEPRECIAÇÃO E AMORTIZAÇÃO	-5	-5	-10	-5	-5	-20
j = h + i	**LUCRO ANTES DOS JUROS E IR (LAJIR)**	112	122	234	33	103	370
k	**RESULTADO FINANCEIRO**	5	5	10	-2	3	11
	RECEITA FINANCEIRA	10	11	21	4	8	33
	DESPESA FINANCEIRA	-5	-6	-11	-6	-5	-22
l = e + g + h	**LUCRO ANTES DO IR (LAIR)**	117	127	244	31	106	381
m	**IMPOSTO DE RENDA & CONTRIBUIÇÃO SOCIAL**	-40	-43	-83	-11	-36	-130
n = l + m	**LUCRO ou PREJUÍZO LÍQUIDO DO EXERCÍCIO**	77	84	161	21	70	252
o = n / c	*Lucratividade Líquida*	*11%*	*12%*	*12%*	*7%*	*19%*	*12%*

Uma vez apresentada a sua estrutura, vamos passar pelo conceito das principais linhas da DRE.

Receita operacional bruta

Geralmente chamada apenas de receita bruta, é o registro do total de vendas da empresa naquele período, seja de serviços, de produtos ou de mercadorias. Nessa linha é contabilizado o total de faturamento bruto, ou seja, quanto o negócio-fim da companhia gerou.

Cada empresa possui o seu tipo de negócio e o seu portfólio de vendas, portanto a receita de serviços é proveniente de um valor acordado com o cliente, e o valor de produtos ou mercadoria será o preço individual multiplicado pela quantidade comprada.

O valor total da linha de receita bruta contempla todas as vendas da empresa e os impostos que incidem sobre cada categoria.

É importante destacar que uma empresa que apresente crescimento em seu volume de faturamento bruto (ou na receita bruta) não é necessariamente uma empresa lucrativa.

A seguir, vamos analisar outras linhas da DRE até chegarmos ao resultado da empresa, que pode dar lucro ou prejuízo.

Impostos sobre vendas

Em toda e qualquer venda, salvo a existência de algum benefício fiscal, existe a incidência de tributos. As alíquotas (percentual de incidência sobre o valor da nota fiscal) podem variar de acordo com o tipo de empresa, a natureza da sua atividade e a região onde está instalada.

Os tributos variam ainda de acordo com as autarquias (federal, estadual e municipal). Cada uma delas aplica as alíquotas e os tributos conforme a sua peculiaridade. O quadro 1 apresenta um breve "glossário" dos principais tributos que incidem sobre a receita.

Quadro 1. Resumo dos principais tributos incidentes sobre a receita.

ESFERA	TRIBUTO	DESCRIÇÃO
	Cofins.	Contribuição para o Financiamento da Seguridade Social.
Federal	IPI.	Imposto sobre Produtos Industrializados.
	PIS.	Programa de Integração Social.
Estadual	ICMS.	Imposto sobre Circulação de Mercadorias e Serviços.
Municipal	ISS.	Imposto sobre Serviços.

Custos

Os custos de uma empresa são todos os gastos incorridos para produzir a mercadoria ou o produto ou para fornecer o serviço prestado. Estão diretamente relacionados à produção e à atividade-fim da empresa.

Devem ser alocados como custo:

- a compra de insumos e matérias-primas;
- a estocagem, a armazenagem e o transporte desses materiais;
- galpões e locais para a produção;
- gastos diretamente relacionados a esses locais acima, como aluguéis, taxas e manutenção;
- o salário das equipes diretamente envolvidas no processo produtivo.

Uma forma importante de pensar sobre custos é entendê-los como todos os gastos sem os quais a empresa não consegue desempenhar a sua atividade, entregar a sua mercadoria ou prestar o seu serviço.

Os custos podem ser considerados:

- fixos (não mudam independentemente do volume produzido) ou variáveis (alteram-se conforme o nível de produção); e
- diretos (diretamente relacionados à produção) ou indiretos (imprescindíveis para a produção, mesmo que não ligados diretamente a ela).

Despesas operacionais

As despesas fazem parte e são necessárias para o funcionamento da empresa, mas não estão relacionadas diretamente à produção ou à prestação de serviços. Elas não compõem diretamente a atividade--fim e não são utilizadas nela, como ocorre no conceito de custos.

Como exemplos de despesas operacionais, temos:

- o aluguel do escritório onde ficam as áreas de suporte e os executivos;
- os gastos com telefonia e internet;
- seguros e benefícios a colaboradores;
- serviços terceirizados;
- material de escritório e de limpeza;
- impressões;
- despesas comerciais e de marketing;
- gastos de viagens, lanches ou almoços de trabalho.

EXEMPLO PRÁTICO

Ao analisar as linhas de *receitas e custos*, tenha em mente que você está tendo a visão da *operação da empresa:* qual é a margem operacional, quais as principais variáveis que interferem nos custos, quais são os produtos ou serviços vendidos com maior margem.

Já o grupo das *despesas* – sejam elas administrativas, comerciais ou operacionais – pode ser analisado de forma mais *independente em relação ao volume produzido*. As despesas são mais flexíveis e sujeitas a cortes. Por exemplo, os gastos com celulares corporativos podem ser limitados, as impressões coloridas podem ser restringidas, os gastos com propaganda e marketing são constantemente revistos, assim como os contratos com empresas terceirizadas.

Depreciação

Trata-se da mensuração do desgaste dos ativos imobilizados que a companhia possui. A taxa de depreciação e o número de parcelas pelas quais o bem é depreciado são determinados com base em instruções formais da Receita Federal.

Suponha que você adquira um carro zero quilômetro e o venda após quatro anos. Durante esse período houve um desgaste do carro: em função da quilometragem rodada, talvez seja preciso trocar peças, e o ar-condicionado pode não estar funcionando como nos primeiros anos. Portanto, ao vendê-lo, o preço será menor se comparado ao de quando o comprou.

Esse desgaste é a depreciação, conceito contábil que reduz o valor do ativo ou de um bem ao longo de sua vida útil ou de sua expectativa de vida. A Receita Federal determina qual é a vida útil estimada de um bem. Com base nesses dados oficiais, calculamos a depreciação.

Por isso, para os ativos imobilizados de uma empresa, devemos considerar a existência da depreciação. Considere um veículo que custou R\$ 60.000 para a empresa. O período de depreciação para veículos leves é de cinco anos, portanto mensalmente o ativo sofrerá uma redução de R\$ 1.000.

> **IMOBILIZADOS**
>
> *Segundo a Receita Federal, são exemplos de ativos imobilizados: terrenos; edifícios e construções; construções em andamento; máquinas, equipamentos e instalações industriais; móveis, utensílios e instalações comerciais, veículos (terrestres, aquáticos, aéreos), entre outros.*

Resultado financeiro

É composto basicamente por duas linhas: receita financeira e despesa financeira, impactadas apenas por eventos com características estritamente financeiras.

As receitas financeiras refletem todo e qualquer ganho financeiro – por exemplo, as receitas obtidas por meio dos rendimentos sobre as aplicações financeiras, os descontos obtidos com fornecedores, os juros recebidos sobre depósitos judiciais, as variações cambiais positivas ocorridas naquele determinado período.

É importante destacar que algumas receitas financeiras podem ser tributadas, como as de origem de aplicações financeiras, em que há incidência de Imposto de Renda (IR) e pode ocorrer a incidência do Imposto sobre Operações Financeiras (IOF).

As despesas financeiras estão relacionadas aos encargos e juros que a empresa paga. Por exemplo, juros de empréstimos e financiamentos, tarifas bancárias, juros e multas incorridos em pagamentos diversos, variações cambiais negativas, descontos fornecidos a clientes, entre outros.

Outras receitas ou despesas

Referem-se a qualquer tipo de receita ou despesa que não esteja relacionado diretamente à atividade-fim da empresa. Para exemplificar, podemos supor uma empresa do setor de reparos de antenas que venda a sua frota de carros utilizados no deslocamento de seus colaboradores. O valor obtido com essa venda será contabilizado como outras receitas. A empresa obteve uma receita com a venda de um ativo, e tal venda não tem qualquer relação com a sua atividade operacional.

O mesmo raciocínio deve ser aplicado para a alocação das outras despesas.

Imposto de renda (IR) e Contribuição Social sobre o Lucro Líquido (CSLL)

Esses tributos são calculados sobre a linha de resultado ou de lucro antes dos impostos (LAIR). O percentual de incidência pode variar em função do tipo de empresa e de seu respectivo regime tributário, e o seu cálculo tem algumas particularidades que não detalharemos neste momento.

Lucro líquido ou prejuízo

Uma vez apurados os impostos e contribuições, chegamos ao lucro líquido ou ao prejuízo, que estão contemplados na última linha da DRE.

No cenário de lucratividade, caberá aos acionistas decidirem se o valor do lucro será:

(a) reinvestido na empresa;

(b) constituído como reserva de lucros; ou

(c) distribuído em forma de dividendos. aos seus acionistas.

DIVIDENDOS
Retorno que o acionista recebe pelo investimento feito na empresa em forma de caixa.

Podemos observar que uma das conexões entre DRE e Balanço Patrimonial é a contabilização do resultado do período no grupo de contas do patrimônio líquido. Guarde essa informação, pois será importante a seguir.

Quadro 2. Resumo da DRE.

CONCEITO	DESCRIÇÃO
Demonstração do Resultado do Exercício	Relatório contábil que reflete toda a movimentação do exercício de uma empresa para chegarmos ao seu resultado líquido.
Receita bruta	Contabilização de todas as notas emitidas pela empresa diretamente relacionadas com a sua atividade-fim, seja ela serviço ou venda de bens e materiais.
Impostos sobre vendas	Incidem sobre a receita com base no tipo de atividade e na localização, variando conforme a esfera (municipal, estadual ou federal).
Receita líquida	Receita bruta deduzida dos tributos.
Custos	Todo e qualquer gasto diretamente relacionado a produção, venda e prestação de serviço.
Despesas operacionais	Gastos necessários para o funcionamento da empresa, mas não relacionados diretamente à sua produção.
Depreciação	Apesar de ter um conceito intuitivo e prático, a depreciação é um custo que não representa uma saída de caixa para a empresa. Ela reflete o desgaste no tempo dos ativos imobilizados da companhia.
Resultado financeiro	Resultado obtido pela soma das receitas e despesas financeiras. Ou seja, qualquer ganho ou perda, receita ou custo financeiros que a empresa venha a ter.
Outras receitas e despesas	Qualquer outra natureza de gastos diferente das citadas acima.
Imposto de Renda e CSLL	Tributos que incidem sobre o resultado da empresa, caso venha a obter lucro.
Lucro (ou prejuízo) líquido do exercício	Resultado apresentado pela empresa no período em análise, demonstrando se a sua atividade foi lucrativa ou gerou prejuízo.

BALANÇO PATRIMONIAL (BP)

Os autores Brealey e Myers (2003) definem Balanço Patrimonial como a posição financeira de uma empresa em determinado momento (por exemplo, no final do exercício). Ele lista os ativos, os passivos e o capital próprio da empresa, fornecendo uma posição daquele instante dos ativos da empresa e das fontes de dinheiro que foram usadas para comprar esses ativos. Brealey e Myers acrescentam que os itens do BP são listados em ordem decrescente de liquidez.

O Balanço Patrimonial também pode ser definido como o relatório que apresenta os ativos detidos ou em propriedade de uma empresa; que representa o valor desses ativos e a combinação dos elementos utilizados para financiá-los em determinado momento: dívida ou patrimônio.

O quadro 3 traz os conceitos de Balanço Patrimonial com base nessa divisão apresentada acima. Ativo agrupa todas as contas que representam um direito da empresa; passivo agrupa as contas que indicam as obrigações ou os deveres da empresa com terceiros e com os acionistas.

Quadro 3. Conceitos de Balanço Patrimonial.

ATIVO	PASSIVO
	Obrigações com terceiros
Bens + direitos	**Patrimônio líquido**
	Obrigações com acionistas
Total ativo R$	**Total passivo R$**

- As contas e os grupos de contas, tanto do ativo como do passivo, são ordenadas do maior nível de liquidez para o menor. Nessa lógica, a primeira rubrica do ativo será o caixa, que é tratado como liquidez imediata. No passivo, a primeira rubrica será o valor do contas a pagar, que será liquidado com o caixa.

- Obrigatoriamente a equação terá de fechar, pois os ativos nos quais os recursos estão investidos devem ser iguais às fontes desses recursos utilizados, sejam elas proveniente de terceiros (empréstimos adquiridos ou prazos negociados) ou de recursos próprios e capital aportado pelos sócios (patrimônio líquido).

$$Ativo = passivo + patrimônio\ líquido$$

- Os ativos da empresa representam os itens dos quais ela se utiliza para gerar benefício econômico futuro e sustentar a sua operação, financiada pelos seus passivos e pelos recursos de seus acionistas.

A figura 2 apresenta a estrutura padrão do Balanço Patrimonial.

Figura 2. Exemplo de BP.
CP: curto prazo. *LP*: longo prazo.

Reportado em R$ mil

ATIVO		PASSIVO	
ATIVO CIRCULANTE	**651**	**PASSIVO CIRCULANTE**	**415**
CAIXA E DISPONIBILIDADE	290	FORNECEDORES A PAGAR	240
CLIENTES A RECEBER	311	OBRIGAÇÕES TRABALHISTAS	27
ESTOQUES	25	OBRIGAÇÕES TRIBUTÁRIAS	120
OUTROS CRÉDITOS	15	EMPRÉSTIMOS E FINANCIAMENTOS (CP)	18
DESPESAS ANTECIPADAS	10	OUTRAS OBRIGAÇÕES DE CP	10
ATIVO NÃO CIRCULANTE	**195**	**PASSIVO NÃO CIRCULANTE**	**144**
REALIZÁVEL A LONGO PRAZO	45	EXIGÍVEL A LONGO PRAZO	144
INVESTIMENTOS	60	OBRIGAÇÕES TRIBUTÁRIAS	52
IMOBILIZADO	50	EMPRÉSTIMOS E FINANCIAMENTOS (LP)	54
INTANGÍVEL	40	OUTRAS OBRIGAÇÕES DE LP	38
		PATRIMÔNIO LÍQUIDO	**287**
		CAPITAL	30
		RESERVAS	5
		LUCRO OU PREJUÍZO ACUMULADO	252
TOTAL ATIVO	**846**	**TOTAL PASSIVO**	**846**

Observe que tanto o ativo quanto o passivo possuem subdivisões em grupos de contas, nos quais o ativo ou o passivo circulantes se referem, respectivamente, aos direitos (ativos) ou às obrigações (passivos) que serão realizados no curto prazo, ou seja, no período de até doze meses.

As demais contas terão seus direitos (ativo) ou obrigações (passivo) liquidados ou mantidos por um período superior a doze meses, a partir da data de apresentação do balanço em questão.

Conceitos das principais linhas do ativo

Caixa e disponibilidades

Essa rubrica corresponde ao somatório de todos os recursos disponíveis:

- em espécie;[2]
- depositados nas contas correntes; ou
- em aplicações financeiras de curto prazo com liquidez.

Contas a receber

Ao emitir uma nota fiscal ou uma fatura para um cliente, a empresa normalmente oferece um prazo de pagamento. Até que o cliente efetue esse pagamento e os recursos entrem no caixa da companhia, o montante em questão fica alocado em contas a receber. O valor dessa rubrica é o somatório de todas as notas "em aberto", ou seja, que ainda não foram pagas pelos clientes.

---

2 É comum algumas empresas trabalharem com o chamado caixa pequeno. Trata-se de um valor em espécie que fica disponível para cobrir desembolsos extremamente urgentes e de baixo valor. O montante em espécie não costuma ser alto (no máximo, R$ 5 mil) e normalmente é gerenciado pela Tesouraria da empresa.

Estoques

Essa linha representa o valor total de materiais, insumos ou matérias-primas que serão destinados diretamente ao cliente, ou seja, que serão trabalhados para compor um bem ou ativo a ser vendido ou suprimentos de necessidade básica para o funcionamento da empresa. O valor do estoque pode contemplar tanto produtos já prontos como inacabados, ainda em processamento ou montagem.

Outros créditos

Podem ser de natureza fiscal ou tributária, devolução a ser recebida de um fornecedor, adiantamentos que a empresa tenha feito aos colaboradores (por motivo de viagem, por exemplo) ou qualquer outro tipo de crédito a que a empresa tenha direito.

Despesas antecipadas ou a apropriar

É a destinação de recursos que a empresa faz e que não lhe gera benefícios imediatos. Esses recursos serão computados ou reconhecidos como um custo ou uma despesa dentro do período de doze meses, embora tenha havido pagamento antecipado. Esse reconhecimento na DRE ocorrerá somente no período em que o benefício for de fato observado. Como exemplos, temos o pagamento antecipado de um aluguel, o prêmio de seguro a vencer, assinaturas e anuidades, além de honorários pagos antecipadamente, entre outros.

Realizável a longo prazo

São ativos – ou seja, bens ou direitos – que a companhia realizará em um período superior a doze meses. Um exemplo muito comum é o valor que a empresa paga a um fornecedor o qual está construindo uma máquina que irá demorar dois anos para ficar pronta.

Investimentos

Referem-se às participações permanentes, às aplicações financeiras e aos direitos de outras naturezas com o objetivo de gerar benefício futuro para a empresa e que não tenham, como propósito, a manutenção da atividade-fim da companhia. Por exemplo, participações societárias e investimentos em coligadas, entre outros.

Imobilizado

Nessa rubrica são lançados os ativos próprios utilizados para a operação e a manutenção da atividade da empresa. A companhia é a detentora dos benefícios, riscos e controles desses bens (por exemplo, máquinas e equipamentos, edifícios, veículos próprios, galpões e salas, entre outros). Os valores dos ativos imobilizados sofrem, mensalmente, uma redução em decorrência da depreciação.

Intangível

Linha referente aos bens que, mesmo pertencendo à empresa, não podem ser "tocados". Ou seja, bens que não são físicos. Como exemplos, podemos citar marcas e patentes, direitos autorais e licença para utilização de *software*.

Conceitos das principais linhas do passivo

Fornecedores a pagar

Essa conta registra todas as notas de fornecedores que deram entrada na empresa e, até a data do fechamento daquele balanço, ainda não foram pagas. Trata-se da obrigação de pagar tanto aos fornecedores relacionados à operação (matéria-prima, material, equipamentos...) quanto aos de itens como internet, luz, telefone, agências de viagens e aluguéis, entre inúmeros outros.

Obrigações trabalhistas

Ao término do mês, a empresa tem a obrigação de arcar com todos os compromissos trabalhistas do seu quadro de funcionários.

De acordo com a legislação vigente até a data de escrita deste livro, uma companhia tem até o 5º dia útil para pagar os salários do mês trabalhado. Assim, ela encerra o mês com o valor da sua folha salarial em uma conta de salários a pagar. Seguindo essa mesma lógica, todos os encargos que incidem sobre a folha e são recolhidos no mês subsequente também devem ser obrigatoriamente recolhidos (INSS, FGTS, Imposto de Renda Retido na Fonte).

Outras importantes contabilizações que costumam ocorrer nesse grupo de contas são as provisões de 13º salário, a provisão de férias e a provisão de bônus.

As provisões são estimativas de valores a serem desembolsados futuramente. A provisão é feita no mês da competência do evento, ou seja, no mês em que a sua obrigação surge ou se concretiza, seja ela legal ou não formalizada. Resumindo, no momento do fato gerador daquele evento financeiro.

EXEMPLO PRÁTICO

Vamos detalhar aqui a provisão de 13º salário.

A cada mês que o colaborador trabalha na empresa, ele passa a ter direito a 1/12 avos do 13º salário.

Caso ele peça demissão ou seja demitido em junho, por exemplo, ele já terá completado seis meses de trabalho naquele ano, portanto a companhia tem a obrigação de lhe pagar 6/12 avos do 13º salário.

Suponha que o colaborador tenha um salário de R$ 12.000. Dessa forma, a cada mês que se encerra, ele acumula o direito a receber (e a empresa acumula a obrigação de pagar) R$ 1.000.

Observe que o impacto mensal será sempre de 1/12 avos, pois se refere ao montante da obrigação constituída em cada mês. Em dezembro, quando ocorre o pagamento do 13º, não é necessário provisionar, pois o evento esperado se concretiza. Dessa forma, em dezembro é feito o estorno da provisão acumulada (11/12 avos) que, subtraindo do valor pago, terá o impacto também de 1/12 avos naquele mês.

Em reais	jan	fev	mar	abr	mai	jun	jul	ago	set	out	nov	dez
Provisão mensal	1.000	1.000	1.000	1.000	1.000	1.000	1.000	1.000	1.000	1.000	1.000	-
Resultado acumulado da provisão	1.000	2.000	3.000	4.000	5.000	6.000	7.000	8.000	9.000	10.000	11.000	-11.000
Pagamento do 13 salário	-	-	-	-	-	-	-	-	-	-	-	12.000
Impacto contábil mensal	1.000	1.000	1.000	1.000	1.000	1.000	1.000	1.000	1.000	1.000	1.000	1.000

Obrigações tributárias

Qualquer que seja o momento que uma empresa esteja vivendo, ela terá tributos a recolher. Nessa conta, ficam contabilizados os tributos que a empresa tem a pagar, sejam eles de qualquer natureza.

Empréstimos e financiamentos (curto prazo)

Referem-se a todos os valores vincendos (ou seja, a vencer) nos próximos doze meses relacionados a empréstimos contraídos pela companhia.

Outras obrigações (curto prazo)

Nessa conta, são contabilizadas quaisquer outras obrigações que devam ser quitadas em até doze meses.

Exigível a longo prazo

Obrigações que serão quitadas após o ano fiscal daquele ano, de diversas naturezas, não especificadas nas contas anteriores.

Patrimônio líquido

Como já vimos anteriormente, o patrimônio líquido é exatamente a diferença entre o total do ativo menos o total do passivo. O PL registra o capital próprio da empresa, ou seja, os valores que representam os direitos dos acionistas, e se trata de um dos mais importantes conceitos do Balanço Patrimonial.

Por meio desses dois grupos de contas (o ativo e o passivo), chegamos ao valor contábil (ou valor de livro) da empresa. Entre as principais contas, destacamos as explicadas a seguir.

Capital social

É o valor aportado/investido pelos sócios da empresa para o seu início e sua manutenção até que ela venha a se tornar lucrativa e ainda gerar caixa.

Reserva de capital

Refere-se a um valor recebido pela empresa, diretamente aportado por seus sócios e que não é proveniente do seu resultado operacional.

Reservas de lucros

Constituídas pela apropriação dos lucros da empresa para serem aplicadas em diferentes propósitos definidos pela administração. Como exemplos, temos:

- **Reserva legal:** obrigatória de acordo com a Lei das S/A, destinando-se 5% do lucro do período a essa conta até que ela passe a representar 20% do capital social;
- **Reserva para contingências:** busca compensar, em exercício futuro, eventuais perdas que a empresa tenha probabilidade de sofrer;
- **Reserva para expansão:** a retenção do lucro ocorre com base em prévia aprovação orçamentária, entre outros tipos de reserva de lucro.

Ações em Tesouraria

São ações emitidas pela empresa e recompradas por ela mesma no mercado por questões estratégicas.

Lucros ou prejuízos acumulados

Consiste na soma de todos os resultados da empresa desde a sua fundação.

Quadro 4. Resumo do BP.

CONCEITO	DESCRIÇÃO
Balanço Patrimonial	Relatório que apresenta os bens e direitos (ativos) e os deveres e obrigações (passivos) da empresa perante os sócios e terceiros.
Ativo e passivo circulantes	Bens e direitos (ativo) ou obrigações (passivo) a vencer em até doze meses da data de publicação do BP.
Ativo realizável a longo prazo	Contas caracterizadas por não terem liquidez antes de doze meses. Essas contas podem ser depósitos caução (dados em garantia ou retidos por processos judiciais), aplicações financeiras de LP, recuperação de impostos e/ou créditos fiscais a serem executados e antecipação de despesa de longo prazo.
Investimentos	Participações permanentes, direitos de outras naturezas com o objetivo de gerar benefício futuro para a empresa e que não tenham como propósito a manutenção da atividade-fim da companhia. Por exemplo, participações societárias e investimentos em coligadas.
Imobilizado	Utilizado para a manutenção da atividade da empresa, que passa a deter os benefícios, riscos e controles desse tipo de bem. Como exemplo, podemos citar: máquinas e equipamentos, edifícios, veículos próprios, galpões, salas... Tipicamente, o imobilizado é apresentado no Balanço Patrimonial em seu valor líquido de depreciação acumulada.
Intangível	Bens imateriais da empresa, ou seja, que não podem ser tocados. Por exemplo, marcas e patentes, direitos autorais, licença para utilização de *software*.
Exigível a longo prazo	Obrigações que vencem ou que serão executadas a partir de doze meses.
Patrimônio líquido	Representação dos direitos que os sócios têm na empresa.

DEMONSTRAÇÃO DO FLUXO DE CAIXA (DFC)

A Demonstração do Fluxo de Caixa é o terceiro relatório que, junto da DRE e do BP, possibilita a análise financeira completa de uma companhia.

Pela DFC, observamos a capacidade de geração de caixa da empresa e conseguimos entender as principais linhas que impactaram a posição de caixa naquele momento. Ao analisar a DFC, ficam evidentes as entradas e as saídas de caixa que ocorreram na companhia, melhorando ou afetando o seu nível de liquidez.

Figura 3. Exemplo de DFC.

Demonstrativo de fluxo de caixa	R$ mil
(+) Clientes a receber	311
(-) Fornecedores a pagar	-240
(-) Obrigações trabalhistas	-27
(-) Obrigações tributárias	-120
(-) Outros pagamentos	-28
(=) Disponibilidade atividades operacionais	**-105**
(+) Recebimento de venda de imobilizados	0
(-) Aquisição de ativos permanentes	0
(+) Recebimentos de dividendos	0
(=) Disponibilidades atividades de investimentos	**0**
(+) Novos empréstimos captados	0
(-) Amortização de empréstimos	-2
(+) Aportes de capital	0
(-) Redução de capital	0
(-) Pagamento de dividendos	0
(+/−) Outras atividades de financiamentos	-10
(=) Disponibilidades atividades de financiamento	**-12**
Geração ou consumo das disponibilidades	**-116**
Disponibilidades – Saldo inicial	406
Disponibilidades – Saldo final	290

Observando a figura 3, podemos verificar que a análise pela DFC é feita em três grupos: atividades operacionais, de investimentos e de financiamento. Veja a seguir.

Fluxo de caixa das atividades operacionais

Apresenta todos os pagamentos e recebimentos diretamente relacionados à operação e ao objeto-fim da empresa.

Fluxo de caixa das atividades de investimentos

Demonstra quanto e onde a empresa investiu, bem como a utilização e a aplicação dos recursos buscando gerar benefícios futuros. Desinvestimentos, como venda de ativos, também são refletidos nesse grupo.

Fluxo de caixa das atividades de financiamento

Nesse grupo, podemos analisar como a empresa financiou a sua operação e os seus investimentos: se contraiu financiamentos, se os pagou, se recebeu aporte de capital de seus acionistas ou se pagou dividendos.

RESUMO DE PONTOS FUNDAMENTAIS DESTE CAPÍTULO:

→ OS CONCEITOS E PARTICULARIDADES DOS TRÊS PRINCIPAIS RELATÓRIOS CONTÁBEIS E FINANCEIROS EMITIDOS POR UMA EMPRESA: DRE, BP E DFC.

→ A DIFERENÇA ENTRE ATIVO E PASSIVO PARA UMA EMPRESA.

→ A MOVIMENTAÇÃO DO CAIXA A PARTIR DA ANÁLISE DOS GRUPOS QUE IMPACTAM DIRETAMENTE O MONTANTE DISPONÍVEL.

ESTUDO DE CASO

Petrobras

Com base nas demonstrações financeiras publicadas pela Petrobras em seu site de relacionamento com investidores[3] e nos conceitos de Demonstração do Resultado do Exercício e de Balanço Patrimonial, vamos fazer as análises horizontal e vertical do BP, comparando os anos de 2019 e 2020.

Análise horizontal e análise vertical são duas ferramentas de análise de demonstrações financeiras, pelas quais fazemos dois tipos de comparação com o valor em análise.

» **Análise horizontal:** comparamos a evolução do valor em questão no tempo, ou seja, olhando de forma horizontal no relatório. Como exemplo, podemos ver o valor da conta de caixa, no ativo, e observar a sua variação ao longo do tempo.

» **Análise vertical:** aqui, analisamos a evolução da participação do valor em questão naquele grupo de contas. Por exemplo, podemos comparar a representatividade da conta de caixa dentro do grupo de contas do ativo e entender a variação da sua representatividade (vertical).

A figura abaixo mostra as demonstrações financeiras (de 2019 e 2020) publicadas no site da empresa.

ATIVO – R$ milhões	31.12.2020	AV	31.12.2019	AV	AH
Circulante	**142.323**	**14%**	**112.101**	**12%**	**27%**
Caixa e equivalentes de caixa	60.856	6%	29.714	3%	105%
Títulos e valores mobiliários	3.424	0%	3.580	0%	-4%
Contas a receber, líquidas	24.584	2%	15.164	2%	62%
Estoques	29.500	3%	33.009	4%	-11%
Impostos e contribuições	13.483	1%	14.287	2%	-6%
Ativos classificados como mantidos para venda	4.081	0%	10.333	1%	-61%
Outros ativos circulantes	6.395	1%	6.014	1%	6%
Não circulante	**845.096**	**86%**	**813.910**	**88%**	**4%**
Realizável a l. prazo	**104.974**	**11%**	**71.306**	**8%**	**47%**
Contas a receber, líquidas	13.675	1%	10.345	1%	32%
Títulos e valores mobiliários	227	0%	232	0%	-2%
Depósitos judiciais	37.838	4%	33.198	4%	14%
Imposto de renda e contribuição social diferidos	33.524	3%	5.593	1%	499%
Impostos e contribuições	16.411	2%	15.877	2%	3%
Outros ativos realizáveis a longo prazo	3.299	0%	6.061	1%	-46%
Investimentos	**17.010**	**2%**	**22.166**	**2%**	**-23%**
Imobilizado	**645.434**	**65%**	**641.949**	**69%**	**1%**
Intangível	**77.678**	**8%**	**78.489**	**8%**	**-1%**
Total do ativo	**987.419**	**100%**	**926.011**	**100%**	**7%**

[3] Disponível em: https://www.investidorpetrobras.com.br/. Acesso em: 3 maio 2021.

PASSIVO – R$ milhões	31.12.2020	AV	31.12.2019		AH
Circulante	**136.287**	**14%**	**116.147**	**13%**	**17%**
Fornecedores	35.645	4%	22.576	2%	58%
Financiamentos	21.751	2%	18.013	2%	21%
Arrendamentos	29.613	3%	23.126	2%	28%
Impostos e contribuições	14.725	1%	14.914	2%	-1%
Dividendos propostos	4.457	0%	6.278	1%	-29%
Salários, férias, encargos e participações	10.150	1%	6.632	1%	53%
Planos de pensão e saúde	8.049	1%	3.577	0%	125%
Passivos associados a ativos mantidos para venda	3.559	0%	13.084	1%	-73%
Outras contas e despesas a pagar	8.338	1%	7.947	1%	5%
Não circulante	**539.982**	**55%**	**510.727**	**55%**	**6%**
Financiamentos	258.287	26%	236.969	26%	9%
Arrendamentos	82.897	8%	73.053	8%	13%
Imposto de renda e contribuição social	1.853	0%	2.031	0%	-9%
Imposto de renda e contribuição social diferidos	1.015	0%	7.095	1%	-86%
Planos de pensão e saúde	75.454	8%	103.213	11%	-27%
Provisão para processos judiciais e administrativos	11.427	1%	12.546	1%	-9%
Provisão para desmantelamento de áreas	97.595	10%	70.377	8%	39%
Outras contas e despesas a pagar	11.454	1%	5.443	1%	110%
Patrimônio líquido	**311.150**	**32%**	**299.137**	**32%**	**4%**
Capital social realizado	205.432	21%	205.432	22%	0%
Reservas de lucros e outras	102.978	10%	90.109	10%	14%
Participação dos acionistas não controladores	2.740	0%	3.596	0%	-24%
Total do passivo	**987.419**	**100%**	**926.011**	**100%**	**7%**

Observamos um aumento expressivo no caixa e no contas a receber da Petrobras, quando comparamos 2019 e 2020. Podemos supor que o aumento no caixa esteja em linha com os desinvestimentos que ocorreram (observe a variação na linha de investimentos) e com o resultado operacional da companhia e da sua gestão de capital de giro.

A geração de caixa ao longo do ano proporcionou o pagamento de US$ 11,5 bilhões de dívida, como informado em suas notas explicativas. Entretanto, com a variação cambial, o saldo em reais passou a demonstrar um aumento.

É possível também observarmos que o aumento na rubrica de fornecedores a pagar demonstra a alteração na política de capital de giro, com expressivo aumento no Prazo Médio de Contas a Pagar (PMCP).[4] Ou seja, a empresa pode ter conseguido maior prazo para pagar aos seus fornecedores e, com isso, melhorou a sua estrutura de liquidez.

Para que a análise fique completa, procure as "Notas explicativas", no site da Petrobras.

Para discussão

» *Observe a estrutura horizontal e observe possíveis variações que podem ocorrer para cada rubrica.*
» *Agora, cruze a análise feita acima com as possíveis alterações que podem ocorrer na proporção de cada conta no grupo do ativo e do passivo (análise vertical).*

---

[4] Recomendamos ao leitor que busque fazer esse cálculo.

EXERCÍCIOS PROPOSTOS

1. Qual é a importância dos conceitos contábeis para as finanças?

2. Defina ativo e passivo e busque entender o motivo pelo qual se forma a seguinte equação: *patrimônio líquido = ativo − passivo*.

3. Quais são as fontes de recursos de uma empresa e onde elas são aplicadas?

4. Suponha que você tenha uma empresa de venda de tortas doces. Nesse momento, não considere a depreciação. Simule no Excel a DRE mensal da sua empresa, conforme abaixo:

   (a) receita: preço da torta × quantidade vendida;

   (b) tributos sobre a receita: utilize uma única alíquota de 15%;

   (c) custos: estime os custos dos principais materiais utilizados ou simplesmente identifique o custo por torta.

   (d) despesas: estime a sua despesa mensal. Pode ser aberta por itens ou como um valor único.

   Calcule o lucro ou o prejuízo operacional. Com o tempo, acrescente ou simule variáveis, como:

   - variação na quantidade vendida em função da época do ano;
   - aumento ou redução de alíquota de tributos sobre a receita;
   - abra o custo por linha (esses valores podem variar conforme o tipo de torta vendida, pois algumas são mais caras para produzir do que outras);
   - detalhamento de cada linha da despesa.

   Ao final, reflita sobre como cada uma dessas linhas e suas variáveis têm impacto na lucratividade do seu negócio.

CAPÍTULO 5

Gestão do caixa

NESTE CAPÍTULO, ABORDAREMOS:

→ A IMPORTÂNCIA DO FLUXO DE CAIXA PARA A COMPANHIA.

→ VARIÁVEIS OPERACIONAIS QUE IMPACTAM DIRETAMENTE O CAIXA.

→ EXEMPLOS PRÁTICOS DEMONSTRANDO A GESTÃO DO CAIXA.

TUDO COMEÇA E TERMINA NO CAIXA

Existe uma expressão muito comum, utilizada internacionalmente, que diz: *Cash is King* ("O caixa é rei"). Ela transmite a real importância do caixa para as empresas. Nenhuma companhia conseguirá iniciar, manter e prosperar as suas atividades se não tiver caixa para honrar os seus compromissos.

Figura 1. "O caixa é rei."

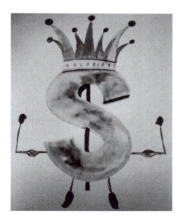

O caixa é o ativo mais líquido que uma empresa pode ter e, consequentemente, pode ser utilizado de imediato para comprar, pagar dívidas e suprir necessidades imediatas (ou mesmo as não previstas).

A gestão da liquidez das empresas, ou seja, a atuação na preservação de caixa, é tão relevante que diversos teóricos e pensadores reforçam esse conceito, como mostram as duas citações a seguir.

> Os balanços expressam apenas as opiniões dos auditores, não os fatos. Dinheiro é fato. Caixa é fato. Não se produz caixa com artifícios contábeis. Os investidores devem olhar para as empresas como olham os banqueiros. O que importa é o caixa. Se uma empresa reporta lucros elevados, mas não está gerando caixa, ela pode não estar gerando lucro algum. É preciso ter em mente que o que quebra uma empresa não é a falta de lucro; as empresas quebram por falta de caixa. (SMITH, 1994, p. 42)

> Há muito tempo que uma empresa pode operar sem lucros por muitos anos, desde que possua um fluxo de caixa adequado. O oposto não é verdade. De fato, um aperto na liquidez costuma ser mais prejudicial do que um aperto nos lucros. (DRUCKER, 1992, p. 174)

É também comum compararmos o caixa ao oxigênio, pois, assim como um ser humano não sobrevive sem o oxigênio, uma empresa não sobrevive sem o caixa.

Como apresentado no capítulo 2, em todas as empresas existe uma subárea diretamente responsável pela gestão do caixa: a Tesouraria.

A Tesouraria acompanha o fluxo de caixa da empresa, monitora os riscos financeiros que possam impactar a liquidez da companhia e trabalha para manter o financiamento da sua operação, monitorando o capital de giro (conceito que veremos mais à frente, neste capítulo).

Além de controlar os recursos disponíveis nos bancos e executar as tarefas operacionais de rotina, é atribuição da Tesouraria fazer o planejamento de longo prazo, analisando se haverá necessidade ou sobra de caixa.

Entretanto, vale destacar que a Tesouraria, se isolada do restante da empresa, não terá uma gestão eficiente. Cabe a todos os executivos terem a visão do impacto que as decisões e as ações tomadas em suas áreas exercerão no caixa da companhia. Mesmo se considerarmos que essas áreas não estão diretamente relacionadas com a análise do caixa, todas elas geram impacto positivo ou negativo em função de sua atuação.

CAPITAL DE GIRO

A figura 2 representa o fluxo operacional de uma empresa, em que as áreas financeiras são encadeadas, cumprem uma sequência e dependem umas das outras.

Note que, a partir da disponibilidade de caixa, a companhia percorre um fluxo: contrata os prestadores de serviços ou compra materiais; no caso de materiais, estes são estocados até que sejam vendidos ao cliente; o cliente paga à empresa, e todo o ciclo recomeça.

Figura 2. Fluxo operacional da empresa.

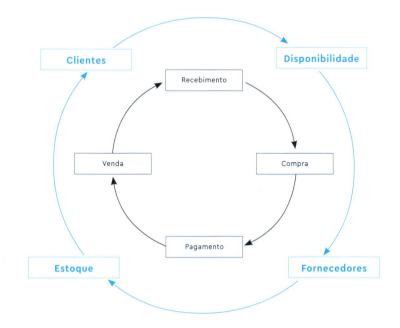

Em caso de rompimento de qualquer um desses elos, os gestores terão de agir para suprir o impacto que ocorrerá na área financeira – em especial, no caixa.

Cabe à empresa ter o chamado capital de giro. Ele tem a função primordial de atuar como um colchão de liquidez. É utilizado para suportar a operação e dar fôlego a qualquer descasamento operacional que ocorra (por exemplo, o atraso de um cliente no pagamento de uma fatura e a necessidade de adquirir um volume maior de estoque, entre outras possíveis demandas).

Portanto, a partir de uma análise robusta do capital de giro, ele deve:

- manter a operação corrente, sem percalços, com a finalidade de suprir necessidades financeiras,
- injetar o dinheiro gerado pela operação, sem a necessidade de financiamentos;
- financiar a operação da empresa, mantendo a produção e honrando seus compromissos.

Quando a companhia possui uma estrutura confortável de capital de giro, ela passa a ter vantagem em negociações, como obter descontos com fornecedores, poder compor o seu estoque de maneira mais eficiente e oferecer alguma flexibilidade de pagamento aos seus clientes, entre outras situações.

A avaliação do capital de giro deve ser constante, pois mensalmente as contas analisadas sofrem mudanças.

Uma das formas básicas de calcular o capital de giro de uma empresa é:

$$CG = AC - PC$$

Em que:

CG: capital de giro

AC: ativo circulante (caixa, aplicações financeiras, contas a receber...)

PC: passivo circulante (contas a pagar, fornecedores, obrigações tributárias, empréstimos de curto prazo...)

Observamos que se trata de uma forma de a empresa monitorar o cumprimento das suas *obrigações* de curto prazo (PC) com os *recursos disponíveis* no curto prazo (AC).

Retornando ao Balanço Patrimonial, apresentado no capítulo 4, e fazendo um recorte somente das contas do circulante (direitos e obrigações que ocorrerão em até doze meses), temos o que é apresentado na figura 3.

Figura 3. Contas do circulante no Balanço Patrimonial.

Em R$ mil

ATIVO		PASSIVO	
ATIVO CIRCULANTE	**651**	**PASSIVO CIRCULANTE**	**415**
CAIXA E DISPONIBILIDADE	290	FORNECEDORES A PAGAR	240
CONTAS A RECEBER	311	OBRIGAÇÕES TRABALHISTAS	27
ESTOQUES	25	OBRIGAÇÕES TRIBUTÁRIAS	120
OUTROS CRÉDITOS	15	EMPRÉSTIMOS E FINANCIAMENTOS (CP)	18
DESPESAS ANTECIPADAS	10	OUTRAS OBRIGAÇÕES DE CP	10

A análise e a atenção em relação a esse balanceamento são muito importantes, pois todos os direitos que constam do ativo e que não são caixa devem obrigatoriamente se converter em caixa *nos próximos doze meses* para quitar as obrigações vincendas que estão no passivo.

Uma maneira mais prática de exemplificar os eventos que impactam o capital de giro está "traduzida" no quadro 1.

Quadro 1. Eventos que têm impacto sobre o capital de giro.

ENTRADAS DE DINHEIRO	SAÍDAS DE DINHEIRO/PAGAMENTOS
Caixa gerado pelas operações	Em espécie de baixo valor (caixa pequeno)
Recebimento de clientes	Fornecedores (serviços, materiais, equipamentos)
Produto da venda de equipamentos	Funcionários (salários e encargos)
Juros de aplicações financeiras	Compra de ativos (equipamentos, máquinas, imóveis...)
Dividendos recebidos	Pagamentos relacionados a fusões e aquisições
Aporte de caixa dos acionistas	Juros e amortização de dívidas de curto ou longo prazo
Outras receitas não operacionais	Impostos
	Dividendos pagos
	Outros pagamentos: publicidade, despesas de vendas, despesas administrativas, despesas de seguros, despesas de aluguel etc.

RELACIONAMENTO COM BANCOS E OUTRAS INSTITUIÇÕES FINANCEIRAS

Para garantir toda essa gestão de liquidez, cabe à área financeira – e, principalmente, à Tesouraria – ter um relacionamento constante com as instituições financeiras com as quais interage.

Esse contato é importante tanto em um momento superavitário da empresa quanto em um momento deficitário, pois o bom relacionamento torna mais fácil, à companhia, conseguir otimizar a alocação de caixa ou as linhas de financiamento.

É primordial que a empresa sempre deixe as suas demonstrações financeiras (DRE, BP, DFC) atualizadas (o recomendado é trimestralmente) na relação com essas instituições de modo que possam acompanhar a operação de perto, a fim de a análise de crédito ser mantida atualizada e ainda haver o oferecimento de produtos e taxas mais adequados.

Como instituições financeiras devemos considerar, principalmente, os bancos, as corretoras de câmbio, as corretoras de seguros e as seguradoras.

Bancos

Essas instituições têm sua operação autorizada pelo Banco Central e são responsáveis pela intermediação entre os agentes deficitários e os superavitários. Os juros captados por meio dos recursos depositados pelos agentes superavitários é menor do que os juros dos empréstimos aos agentes deficitários. Essa diferença representa o ganho de um banco.

Ao se relacionar com o banco, a companhia deve ficar atenta em provocar uma competição, cotando as operações tanto de investimento quanto de financiamento (ou seja, nunca centralizando os esforços em uma única instituição).

Cabe, ainda, observar e negociar as tarifas em todos os produtos oferecidos, inclusive os custos aos seus funcionários caso a folha de pagamento seja centralizada e paga por meio de um único banco.

Corretoras de câmbio

São agentes credenciados a atuar exclusivamente no mercado de câmbio, comprando e vendendo moedas estrangeiras para os seus clientes. São também responsáveis por fazer as remessas dos recursos transacionados entre o Brasil e outros países, bem como internalizá--los. Precisam, ainda, garantir todos os registros de cada operação no Banco Central e as respectivas documentações acessórias.

O ganho financeiro da corretora de câmbio está na diferença entre a cotação de compra e a de venda das moedas, mais conhecida como *spread*.

As corretoras cotam as operações e recebem os preços das moedas de acordo com o comportamento do mercado de câmbio naquele dia.

EXEMPLO PRÁTICO

Supondo uma transação em reais e dólares, em determinado momento a corretora oferece a melhor cotação recebida dos bancos. Neste exemplo, a melhor cotação da corretora obtida foi:

» compra de dólar (USD) ao preço de R$ 5 por dólar; e
» venda de dólar (USD) a R$ 5,20 por dólar.

Se um cliente quiser comprar USD 1.000, pagará R$ 5,20 em cada dólar (que é o preço de venda da corretora), desembolsando R$ 5.200.

Se um cliente quiser vender USD 1.000, receberá R$ 5 em cada dólar (que é o preço de compra da corretora), obtendo R$ 5.000.

A corretora de câmbio ganhará R$ 200 por essa intermediação.

Corretoras de seguros e seguradoras

No mercado de seguros, as corretoras são as instituições credenciadas a fazer a intermediação entre empresas e seguradoras.

As corretoras cotam os prêmios e as condições das apólices de seguros conforme a demanda da empresa e o tipo de risco que deseja cobrir. No Brasil, esse mercado é regulado e fiscalizado pela Superintendência de Seguros Privados (Susep), vinculada ao Ministério da Economia.[1]

---

[1] Até a data em que este capítulo foi redigido. Caso deseje se aprofundar no tema, consulte o site da Susep. Disponível em: http://www.susep.gov.br/. Acesso em: 6 maio 2021.

As seguradoras são responsáveis por ofertar os produtos de proteção a determinados riscos, assumindo-os em troca do prêmio pago pela empresa cliente. Caso ocorra o sinistro (nome dado à concretização de um risco), se houver seguro contratado, o cliente será ressarcido do prejuízo de acordo com as cláusulas que regem aquela apólice.

Como exemplos dos produtos das seguradoras, temos:

- seguro de operações;
- seguro de responsabilidade civil;
- seguro de carga;
- seguro de frota;
- seguro garantia;
- seguro de vida;
- seguro de saúde.

EXEMPLO PRÁTICO

Vamos imaginar uma empresa que venda e instalação de equipamento de informática. Para que o seu produto esteja pronto, ela deverá comprar a mercadoria no que chamaremos de data zero (D0). Ao efetuar a compra, negocia o pagamento para que este ocorra em quarenta dias.

Até vender a mercadoria, essa empresa levará trinta dias com ela em seu estoque após a data de sua compra (ou aquisição). E, na data da venda da mercadoria, ela concederá um prazo ao seu cliente para que lhe pague em trinta dias. A figura abaixo mostra o fluxo completo, com cada evento financeiro e sua respectiva data.

Antes de prosseguir na leitura, reflita sobre o que ocorrerá com essa empresa. Se contar com os recursos provenientes da sua operação, que é a venda da mercadoria, ela terá disponibilidade para honrar o pagamento ao fornecedor em D40?

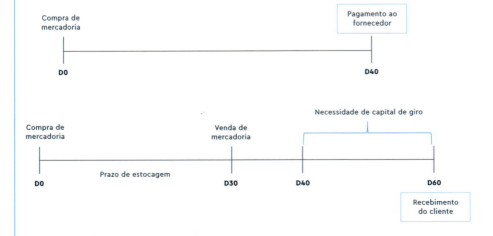

Ela terá de financiar ou cobrir a sua operação por vinte dias. Esse é o sentido do capital de giro: dar suporte e fôlego à operação. Entretanto, cenário descrito no exemplo que estamos acompanhando não é o melhor.

Considerando que a empresa monitore o seu capital de giro regularmente, sem demora ela observará que existem vinte dias de descasamento financeiro e que precisará atuar para que a sua própria operação se financie.

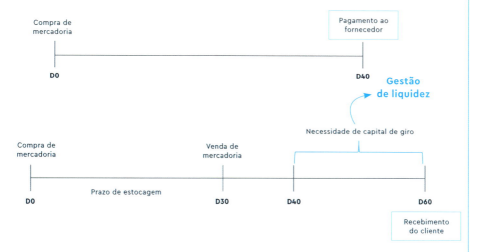

O gestor da área financeira ou o tesoureiro atuarão com as demais áreas para:

(a) aumentar o seu prazo de pagamento com o seu fornecedor; e/ou

(b) "pressionar" a área de vendas para que efetue a comercialização em menos tempo, reduzindo o tempo de estocagem; e/ou

(c) reduzir o prazo de pagamento para o seu cliente.

Se você fosse o gestor da empresa, quais ações tomaria? Nessa reflexão, procure incluir algumas variáveis que podem vir a impactar sua decisão:

» ao tentar aumentar o prazo de pagamento com o seu fornecedor, ele pode aumentar o preço de venda, já que irá demorar mais a receber;

» você pode propor ao seu fornecedor que lhe venda um lote maior e, com isso, você consiga preço e prazo melhores, mas deverá alinhar com a área comercial para que o produto não fique tanto tempo estocado;

» se você negociar com o seu cliente para que lhe pague em menos de trinta dias, como de costume, ele poderá lhe pedir um desconto ou mesmo migrar para um concorrente;

» você pode demonstrar à área comercial que o prazo de trinta dias em estoque não é saudável financeiramente para a empresa. Dessa forma, eles passam a programar melhor o fluxo de venda, uma vez que você não irá mais estocar por trinta dias;

» você pressiona a área comercial para efetuar as vendas em menor prazo.

ARMADILHAS QUE COLOCAM O CAIXA EM RISCO

O fluxo de caixa de uma empresa deve ser olhado diariamente. É preciso não só observar as operações diárias como também estar atento para o curto, o médio e o longo prazo.

Como já apresentamos, qualquer falha na gestão do caixa pode colocar a empresa em xeque.

A seguir são apresentados alguns pontos de extrema atenção que, caso não sejam diretamente controlados pela Tesouraria, devem ser sinalizados por ela (que tem uma visão mais ampla no negócio da companhia) à diretoria e às demais áreas, para alertá-las.

Gastos excessivos

Cada montante extra a ser gasto fora do valor inicialmente orçado deverá ter uma contrapartida de retorno de liquidez ou vir a proporcionar uma economia de desembolsos futuros.

Modelos contratuais

É recomendado que todos os contratos comerciais passem pela análise da área financeira. Um contrato comercial que tenha um longo período de dispêndio da empresa, sem a contrapartida de um sinal, poderá afetar drasticamente a posição de liquidez de uma companhia.

Orçamentos excessivamente otimistas

Na maioria das vezes, um novo projeto é trazido e apresentado com muita motivação, demonstrando um alto potencial ou uma grande oportunidade para a companhia. Entretanto, cabe à área financeira criticar e "desafiar" as premissas, para garantir que os números não estejam extremamente otimistas. É recomendado que, na apresentação de um novo projeto, este venha com simulações de cenários. A não concretização de vendas ou de contratação de projetos também impactará diretamente o caixa.

Política de caixa mínimo

Todas as empresas devem ter uma política de caixa mínimo, isto é, uma reserva do caixa para qualquer eventualidade, contingência ou contratempo. Essa política pode ser composta por recursos aplicados, além de linhas de créditos previamente contratadas com os bancos para utilização em casos emergenciais.

Gestão da Tesouraria operacional

Mitigar atrasos em pagamentos e, consequentemente, cobranças de juros e mora, acompanhar de perto o Contas a Receber, ter uma clara política de crédito a clientes e de análise de fornecedores. Ter um orçamento robusto do fluxo de caixa com constante interação com todas as áreas é imprescindível para a não colocar o caixa em risco.

Expansão repentina

Nem sempre o fato de uma empresa ganhar um contrato de grande porte e que venha a mudar o seu patamar de atividade é sinal de tranquilidade. Caso ela não esteja com a sua área operacional adequada a esse novo contexto, bem como as projeções de desembolsos devidamente equacionadas por fontes de financiamento, o crescimento no quadro de colaboradores poderá fazer com que a empresa recorra a fontes de financiamento no mercado sem estar estruturada e, consequentemente, receberá ofertas de linhas mais caras e menos atrativas.

Ter em mente que receita e lucro não são, necessariamente, caixa

É muito importante compreender que os conceitos de receita e de lucro não, necessariamente, representam caixa de imediato na companhia. Uma receita é contabilizada quando a nota de faturamento é emitida, porém o recebimento dessa nota pelo cliente não é garantido. Caso exista uma lacuna muito grande de prazo de recebimento ou de inadimplência, a companhia terá, inevitavelmente, problemas de liquidez.

Um grande faturamento em projetos de boa margem fará com que a companhia apresente uma excelente lucratividade. Retomando o conceito de DRE apresentado, a empresa poderá se encontrar em uma situação na qual a receita atrase e que os custos e despesas sejam integralmente honrados, ou seja, pagos.

Será mais um enorme ponto de atenção para equacionar o caixa.

RESUMO DE PONTOS FUNDAMENTAIS DESTE CAPÍTULO:

→ O CONCEITO DE LIQUIDEZ E SUA IMPORTÂNCIA PARA A CRIAÇÃO, A MANUTENÇÃO E O CRESCIMENTO DA EMPRESA.

→ A GESTÃO DO CAPITAL DE GIRO.

→ O PAPEL DAS INSTITUIÇÕES FINANCEIRAS NA GESTÃO DO CAIXA DA EMPRESA.

→ AMEAÇAS AO CAIXA E FORMAS DE EVITÁ-LAS.

ESTUDO DE CASO

Falta de fôlego do caixa

No Brasil, houve uma famosa redes de lojas chamada Mesbla. A empresa foi criada em 1912 – na época, o objetivo era vender peças para carros, que começavam a surgir e brevemente seriam um mercado expressivo. A empresa foi muito bem-sucedida e obteve registro de capital aberto.[2] Em 1950, entrou no segmento de varejo e se tornou uma loja de departamentos. Na década de 1980, passou a ser líder no varejo (não alimentar). Chegou a ter 180 pontos de venda pelo Brasil, com uma variedade de produtos que impressionava os clientes.

Com o passar do tempo, segundo os especialistas, a Mesbla não soube acompanhar o novo perfil do mercado de varejo que se formava. Com a criação dos shoppings, a empresa migrou para dentro deles, mas mantendo a mesma estrutura. Nesse momento, o atendimento personalizado e as lojas especializadas passaram a ser mais valorizadas. Consequentemente, o público da Mesbla foi migrando para as lojas de menor porte nos interiores desses shoppings.

Outro fator de impacto à Mesbla foi o surgimento dos hipermercados, que também passaram a oferecer produtos para os bairros, enquanto as grandes lojas da Mesbla se localizavam nos grandes centros, o que exigia um deslocamento exclusivo.

Seu modelo de gestão se tornou arcaico, com muitos diretores presentes em sua estrutura e lentidão do processo de tomada de decisão – fator crítico para o varejo.

A alta inflação do país entre o final dos anos de 1980 e o começo da década de 1990 (aproximadamente 50% ao mês) impactou a relação da Mesbla com seus fornecedores, e para se financiar a empresa tomou uma série de empréstimos.

A empresa, já sem fôlego financeiro, adotou uma estratégia comercial de aumentar a concessão de créditos aos clientes, atitude incompatível com a sua situação patrimonial.

Apostando na hiperinflação, a diretoria fez uma compra extremamente grande de estoque, que se tornou totalmente ineficaz com chegada do Plano Real, em 1993, que estancou a inflação.

Sem ter o seu modelo de negócios atualizado e impactada pelo acúmulo de prejuízos, em 1995 a empresa pediu concordata e, em 1999, a Mesbla chegou à falência.

Esse caso demonstra que o esgotamento do caixa pela baixa nas vendas não foi solucionado com uma reestruturação da companhia, mas com a contratação de financiamentos. A má gestão, somada aos fatores econômicos desfavoráveis e às decisões incorretas, levou ao encerramento das atividades.

Para discussão

» *Com base no conteúdo apresentado, o que você faria de diferente na gestão da Mesbla?*

» *Reflita sobre a importância do caixa e da gestão do capital de giro para as empresas.*

---

2 Quando uma empresa abre seu capital, ela passa a ter suas ações negociadas em bolsa de valores. Isso quer dizer que ela capta essa fonte de aporte de capital por meio dos acionistas, que adquirem as ações baseando-se no crescimento da empresa, mas também tem de prestar contas a eles, publicando seu Balanço Patrimonial em veículos de comunicação.

EXERCÍCIOS PROPOSTOS

1. Qual é a importância do caixa para uma empresa?

2. Qual é a função primordial da Tesouraria e como ela deve agir dentro da empresa?

3. Entre os conceitos apresentados no capítulo, o que pode gerar a falta de liquidez e a consequente falência de uma empresa?

4. Discuta com seus colegas ou reflita sobre o conceito de capital de giro e a importância do seu monitoramento constante.

5. Como o relacionamento da empresa com as instituições financeiras pode impactar diretamente a gestão do caixa?

6. Faça a seguinte pesquisa:

   - Quais são os maiores bancos do nosso país?
   - Quais são as maiores corretoras de seguro do nosso país? Pesquise corretoras que atuam em empresas e não somente as que estão presentes em nosso dia a dia.
   - Faça esse mesmo trabalho em relação às seguradoras.[3]

7. Pesquise com algum colega ou na empresa em que trabalha como funcionam o prazos de pagamento, o prazo de recebimento e, se aplicável, o de estocagem. A partir desse mapeamento, discuta com colegas sobre o que pode ser feito para aprimorar a gestão do capital de giro.

8. Explore em maiores detalhes armadilhas ou fontes de riscos para o caixa.

---

[3] Caso deseje aprofundar seus estudos no conteúdo desse exercício, vale a pena consultar dois sites: o do Banco Central e o da Federação Brasileira de Bancos (Febraban). Disponíveis em: www.bacen.gov.br e https://febraban.org.br/. Acessos em: 6 maio 2021.

CAPÍTULO 6

Análise do caixa

NESTE CAPÍTULO, ABORDAREMOS:

→ INVESTIMENTOS DA EMPRESA EM EMPREENDIMENTOS.

→ O CONCEITO DE VIABILIDADE DE UM INVESTIMENTO.

→ COMO FINANCIAR UM INVESTIMENTO DA EMPRESA.

CONCEITOS PRELIMINARES

Ao longo do livro, já pudemos observar a relevância que o caixa tem para uma empresa.

Nenhuma delas, independentemente do porte ou do setor, pode deixar de analisar seu caixa e cuidar dele. Entender o fluxo, dominar os seus números, saber dos possíveis riscos ou ganhos constituem a base para uma gestão financeira eficaz.

Como vimos no capítulo 4, o fluxo de caixa de uma empresa se divide em três grandes blocos:

- fluxo de caixa das atividades operacionais;
- fluxo de caixa das atividades de investimentos;
- fluxo de caixa das atividades de financiamentos.

Estudamos também, no capítulo 5, o conceito de capital de giro, um dos aspectos importantes na análise do caixa, além dos componentes que impactam essa análise.

Até agora, o foco esteve nos aspectos de controle do caixa, no gerenciamento da liquidez da empresa e nos fatores de riscos capazes de impactá-lo.

O objetivo deste capítulo é fazer uma análise mais profunda do caixa, voltada ao aspecto mais estratégico, relacionado às decisões tomadas pelos executivos ao estudar um novo negócio ou um novo investimento.

É preciso entender se esse investimento será viável (rentabilidade), se trará a possibilidade de ganhos futuros (incremento e geração de caixa) para a empresa e como será financiado (recursos próprios ou contratar financiamentos). Assim, a diretoria terá base para analisar se o investimento se alinha ao negócio da empresa, bem como o ganho total gerado, e tomar a decisão de prosseguir (ou não) com o projeto.

Figura 1. Maximização do valor da empresa.

A VIABILIDADE DE EMPREENDIMENTOS

Por que uma empresa investe?

Fazem parte das decisões estratégicas de uma empresa a diversificação da produção, o aumento de escala ou da capacidade instalada, passar a atuar em outras regiões e evitar a obsolescência dos seus bens.

> **OBSOLESCÊNCIA**
> *A perda de atualização; tornar-se ultrapassado; tecnologia ultrapassada.*

Para qualquer uma dessas decisões, será necessário um estudo de viabilidade financeira. Trata-se de ir muito além da análise de lucro ou de prejuízo; significa estruturar o projeto, verificar a fonte dos recursos que o sustentarão, apurar em quanto tempo esse investimento se pagará.

Para analisar, entre as opções e variáveis existentes, e confirmar que os recursos empenhados gerarão os resultados esperados, existem cálculos e métodos complexos que não são o nosso foco neste momento, envolvendo conceitos contábeis e financeiros unidos à matemática.

Entretanto, entender tais conceitos e indicadores é de extrema importância para formar o raciocínio de análise de viabilidade financeira. Comparar o resultado dessas contas com o de projetos semelhantes ou do mesmo setor também é uma alternativa bastante sólida para verificar o desempenho previsto.

Vamos apresentar, aqui, alguns conceitos e métricas capazes de verificar se um investimento é rentável.

Margem de lucro

Trata-se de uma métrica extremamente importante e simples de ser verificada. O fluxo de receita será maior do que o de custos daquele projeto? A partir dessa análise é possível checar se esse ganho incremental faz sentido para a empresa.

Payback

Na tradução literal do inglês, esse termo significa pagar de volta. Em finanças, representa exatamente essa expressão.

Em quanto tempo o dinheiro empenhado é recuperado? Em quanto tempo se paga o investimento executado? Quanto tempo o investidor deverá aguardar para ter de volta o valor aportado?

Trata-se de um método simples, pelo qual calculamos o tempo necessário para recuperar o valor investido e, com isso, checar se está dentro do prazo previsto e tolerado pelos investidores.

De forma simplificada, seu cálculo se dá por meio da soma dos ganhos captados com o investimento até que a soma se iguale ao valor aportado. O tempo que percorre até que tenhamos essa equalização é o período de *payback*.

Valor Presente Líquido (VPL)

Trata-se de um conceito um pouco mais complexo que os demais. Consiste em entender se o valor daquele investimento no tempo é positivo.

É calculado com base na estimativa do fluxo de caixa do projeto. A partir das projeções de entradas e saídas ao longo da vida daquele projeto, calcula-se quanto cada um desses fluxos vale em D0 (que, como vimos no capítulo anterior, significa data zero, dia zero, ou seja, no dia de hoje). Assim, calcula-se o Valor Presente Líquido daquele fluxo.

Para esse cálculo, partimos da equação apresentada no capítulo 3:

$Sf = Si * (1 + i) \char`\^ n$

Em que:

Sf: saldo futuro ou valor futuro

Si: saldo inicial ou valor presente

i: taxa de juros utilizada

n: número de períodos

Importante: se a taxa "i" for mensal, o número de parcelas ou de períodos "n" deverá ser expresso em meses. Procederemos da mesma forma se for em dias ou em anos.

Alterando a mesma fórmula para calcularmos o valor presente, ela fica representada da seguinte forma:

$Si = Sf / [(1 + i) \char`\^ n]$

A partir desse cálculo, todas as entradas e saídas ao longo do tempo serão comparadas, na data zero, ao valor atual do dinheiro.

A taxa utilizada, "i", nesse caso se chama *taxa de desconto* do fluxo de caixa. Ela é calculada a partir de diversas variáveis, mas, para simplificar, vamos assumir que ela seja igual ao custo de oportunidade da empresa.

A taxa de desconto também é conhecida como taxa mínima de atratividade, significando que é a taxa de rentabilidade a partir da qual a empresa aceita o novo investimento, superando o seu custo de oportunidade.

Ao fazer o cálculo, temos três possibilidades de resultado, mostradas a seguir.

(a) *VPL > 0*. Isso quer dizer que o investimento se mostra atrativo, pois os seus fluxos futuros representam um ganho se comparados aos mesmos valores na data zero.

(b) *VPL = 0*, o que significa que o investimento se torna indiferente, pois o projeto não agrega valor atual.

(c) *VPL < 0*. Com VPL negativo, o investimento não se mostra viável, pois seu fluxo futuro não cobre o seu custo de oportunidade.

Caro leitor, o mais importante é entendermos o conceito. A ideia, neste momento, não é passar as contas. Sobre os cálculos, traremos um exemplo no estudo de caso ao fim deste capítulo.

Taxa Interna de Retorno (TIR)

A Taxa Interna de Retorno é mais uma forma de mensuração da qualidade e da atratividade de um investimento, de forma complementar ao VPL.

Quando calculamos a TIR de um projeto, encontramos a taxa que faz o VPL do seu fluxo de investimento se igualar a zero. Ou seja,

---

CUSTO DE OPORTUNIDADE

Custo do qual o empresário abre mão ao tomar uma decisão de investimento. Para ele investir em um projeto, o custo de oportunidade deve ser menor do que a taxa pela qual ele irá rentabilizar os seus investimentos. Dessa forma, o investimento se mostra atrativo; caso contrário, não compensará seguir em frente.

descontando-se ou trazendo todas as entradas e saídas do fluxo em análise pela TIR, o seu fluxo terá VPL igual a zero.

Dessa forma, se a TIR for maior que a taxa mínima de atratividade, o investimento passará a ser viável; caso contrário, o investimento estará inviabilizado.

Seu cálculo é extremamente complexo, não costumando ser executado de forma manual. Normalmente, utiliza-se a calculadora HP12C.

A importância da análise conjunta

Cada uma das metodologias de cálculo apresentadas aqui, quando utilizada individualmente, não nos possibilita uma análise do investimento de forma completa. Além da importância de serem analisadas em conjunto para a tomada de decisão correta sobre um investimento, outras variáveis deverão ser usadas, adequando-se a cada tipo ou setor do projeto.

Como exemplo, considerando-se um investimento com VPL positivo, com rentabilidade superior à taxa mínima de atratividade, esse retorno poderá se mostrar baixo na comparação com demais investimentos de determinado setor. Dessa forma, o fluxo do investimento deverá ser revisitado e ações terão de ser tomadas para adequar o projeto à realidade daquele setor.

O quadro 1 apresenta um comparativo dos conceitos.

Quadro 1. Resumo das metodologias utilizadas para verificar a viabilidade de um investimento.

MÉTRICA	DESCRIÇÃO	PONTOS POSITIVOS	PONTOS DE ATENÇÃO
Margem de lucro	Percentual de lucro que a empresa obterá a partir daquele investimento.	Conseguimos mensurar exatamente o impacto do investimento nas demonstrações financeiras.	É importante que o resultado desse indicador seja comparado ao de projetos semelhantes ou do mesmo setor. Não se toma a decisão somente a partir do seu resultado.
Payback	Período em que se recupera o valor investido, por meio da soma do fluxo incremental daquele projeto.	Cálculo simples, que demonstra ao investidor o período no qual recuperará, nominalmente, o valor investido.	Não leva em consideração o valor do dinheiro no tempo, pois se trata de uma soma nominal ao longo do período. Não reconhece os fluxos de caixa após atingir o equilíbrio calculado.
VPL	Ao serem descontados ou trazidos os fluxos futuros para a presente data, é analisado se esse montante é maior que zero ou não.	Permite checar se o projeto acrescentará valor à empresa e reflete o valor do dinheiro no tempo (pois o fluxo é trazido a valor presente).	Demonstra o resultado em número, ou seja, em valor absoluto, dificultando a interpretação e a comparação da rentabilidade daquele fluxo em relação a outros projetos. Um projeto com VPL maior que o de outro não significa que ele tenha uma maior rentabilidade.
TIR	Taxa que faz zerar o VPL de um fluxo.	Tem mensuração, comparação e interpretação fáceis.	Não reflete os riscos do fluxo de investimento.

> **NOMINALMENTE**
> *Valor bruto somado, sem considerar o seu valor no tempo (inflação, taxas de desconto...).*

Análise de cenários

É muito importante, ao projetar um fluxo de investimento, traçar os diferentes cenários, considerando premissas[1] mais conservadoras, mais arriscadas, alterando variáveis como preço, quantidade, taxas de câmbio, taxas de juros, entre outras, pois estamos sempre trabalhando com projeções e acertá-las com 100% de precisão é algo extremamente difícil.

---

[1] As premissas são hipóteses assumidas de comportamento das variáveis analisadas em um projeto. Fazem parte do conjunto de premissas utilizadas na fase de estudo: preço dos insumos, quantidade dos insumos, prazo de execução, prazo de venda, taxas de câmbio, taxas de juros e, principalmente, o cronograma do projeto.

A partir dessas simulações, a empresa consegue se antecipar a possíveis impactos e pode desenvolver planos de contingência ou mesmo proteções por meio de *hedges*[2] para o fluxo do projeto.

ACOMPANHAMENTO DO PROJETO QUE RECEBEU O INVESTIMENTO

Ao finalizar a análise de um projeto, dá-se início à etapa de implementação. Nesse momento, temos o início da execução orçamentária, e, ao ser iniciada essa execução, todas as premissas determinadas na fase de estudo de viabilidade devem receber o mesmo nível de atenção durante toda a vida do projeto.

É importante que um colaborador que entenda bem dos números apresentados no projeto participe dele com a área de operações ou a comercial, acompanhando o seu andamento. Qualquer diferença entre os valores projetados e os que estão, de fato, sendo observados deve ser imediatamente compreendida.

Esse descasamento entre os valores orçados e os executados pode se tratar de um simples deslocamento de gastos durante o fluxo ou mesmo de um problema processual mais grave. Como os números só apontam os desvios, as causas devem ser analisadas pelos especialistas e de forma conjunta entre todas as áreas.

O mapeamento de eventuais erros cometidos como "lições aprendidas" é extremamente importante para que eles não venham a se repetir.

FONTES DE FINANCIAMENTO

Uma empresa toma financiamentos para atender a demandas, seja para cobrir uma eventual falta de liquidez, seja para investir em um projeto.

---

2 *Hedge* significa proteção em caso de exposição da empresa a um tipo de risco ao qual está sujeita. A ideia central de uma operação de *hedge* é proteger a empresa da oscilação de preços de determinados ativos.

A partir de decisões estratégicas, ela opta por um financiamento buscando as melhores linhas no mercado e a forma mais adequada de quitá-las.

Os recursos costumam ser utilizados, entre outras finalidades, para:

- implantar um novo projeto (uma nova fábrica, um novo galpão, um novo maquinário) que possa proporcionar maior eficiência para a empresa;
- aumentar a sua eficiência, a escala ou a capacidade de produção;
- implantar um centro de pesquisa e desenvolvimento;
- adquirir parcelas maiores de um mercado no qual já tenha atuação;
- diversificar a produção ou o portifólio de produtos e serviços;
- expandir seu mercado por meio da ampliação da atuação geográfica;
- renovar máquinas e equipamentos obsoletos.

É possível contratar tais financiamentos em moeda nacional (real) ou em moeda estrangeira (dólar, euro, libra...), e a linha escolhida pode ser de curto ou de longo prazo.

Existem inúmeros instrumentos, produtos e linhas financeiras que uma empresa pode contratar. O quadro 2 traz algumas das formas de captação e suas respectivas características.

Entretanto, é importante destacar que, neste momento, o principal conceito a que você deve se ater é o de como a estrutura de um financiamento pode viabilizar um projeto sem prejudicar a saúde financeira da empresa.

Quadro 2. Modalidades de financiamento.

TIPO	LINHA DE FINANCIAMENTO	DEFINIÇÃO	CARACTERÍSTICA
Capital de giro	Crédito rotativo	Apesar das diferentes nomenclaturas, trata-se de linhas pré-aprovadas e disponíveis para o saque da empresa.	Linhas mais caras, com prazos mais curtos, com o objetivo de atender a uma necessidade imediata de caixa.
	Capital de giro		
	Crédito comercial		
Antecipação de recebíveis	*Factoring*/cessão de recebíveis	Uma empresa vende o seu recebível, ou seja, seus direitos creditórios (direitos de crédito) que seriam recebidos a prazo de seus clientes, com deságio/desconto à parte compradora.	Linhas também com taxas mais altas, com o objetivo de antecipar os recebíveis. A instituição antecipa o recebível, mas aplicando uma taxa de desconto, que será a rentabilização para essa instituição. As faturas que a empresa emitiu e receberá são dadas como garantia da operação.
	Adiantamento sobre contrato de câmbio (ACC)	Refere-se à antecipação de um recebível que a empresa tem de um cliente estrangeiro. Ela adianta a internação do recurso, garantindo com a fatura que possui a receber.	
Emissão de títulos de dívidas	Debêntures	Títulos de dívida emitidos por uma empresa que busca captar recursos de médio e longo prazos. Quem os adquire passa a deter direito a uma remuneração por meio de registro formal e escriturado.	Títulos de dívida emitidos com um prazo mais longo, em que a companhia paga uma remuneração periódica para quem os adquire. Como existe uma estrutura de garantias mais robusta, a taxa de captação dessa dívida tende a ser mais baixa do que a apresentada no cenário anterior.
	Nota promissória	Utilizada para captação formal de médio prazo pelas empresas, consiste em uma promessa de pagamento do beneficiário do crédito àquele que emitiu a nota e emprestou os recursos.	
	Títulos corporativos	Título de dívida emitido por uma empresa a investidores que buscam rentabilidade de longo prazo. São remunerados por meio de juros (pré ou pós-fixados) durante a sua vigência, e, ao fim, o montante principal é devolvido.	
	Títulos sustentáveis	No caso dos títulos de sustentabilidade, os recursos captados por meio da sua emissão são obrigatoriamente utilizados em projetos sustentáveis.	
Operações estruturadas	Banco Nacional de Desenvolvimento Econômico e Social (BNDES)	Financiamento por meio de linhas de longo prazo para estimular investimento em diversos segmentos.	Linhas subsidiadas, para financiamentos de longo prazo, com estrutura de garantias robusta.
	Financiadora de Estudos e Projetos (Finep)	Instituição de fomento público à inovação em empresas, universidades e diversos outros lugares.	
	Bancos de fomento/ agências de crédito	Outras agências de fomento de crédito, normalmente voltadas para a economia doméstica.	

RESUMO DE PONTOS FUNDAMENTAIS DESTE CAPÍTULO:

→ PRINCIPAIS CONCEITOS COMO MARGEM DE LUCRO, *PAYBACK*, VPL E TIR NA ANÁLISE DE VIABILIDADE DE UM INVESTIMENTO DA EMPRESA.

→ COMO FAZER O ACOMPANHAMENTO DE PROJETOS.

→ CARACTERÍSTICAS DAS PRINCIPAIS FONTES DE FINANCIAMENTO DOS INVESTIMENTOS.

ESTUDO DE CASO

Abrir ou não a loja

Suponha que sejamos sócios em uma empresa de consultoria financeira. Um cliente nos contratou para analisarmos o investimento em uma loja de conveniência em um parque urbano.

Esse parque tem como principal objetivo a preservação e a guarda ambiental, mas também atua como local de pesquisa, de desenvolvimento e de educação de jovens, além de promover o aumento da qualidade de vida à população local, que pode desfrutar do espaço e de suas atrações naturais.

Nesse contexto, devemos pensar em um empreendimento sustentável, desde o material utilizado até os produtos e serviços ofertados pela loja.

Devemos proceder com algumas análises: de mercado, de serviços e produtos e financeira.

» **Mercado:** trata-se dos estudos preliminares à decisão de investimento. É preciso entender o público que frequentará esse parque, sua renda média, idade, hábitos de consumo, entre outros fatores.
» **Serviços e produtos:** com base na pesquisa de mercado, devem-se definir todos os serviços e produtos que serão ofertados. É importante sempre levar em consideração a essência do negócio, que deverá ser todo baseado em produtos e ações sustentáveis.
» **Financeira:** é preciso mapear os tipos de investimentos que serão necessários:

INVESTIMENTOS	DEFINIÇÕES
Pré-operacionais	Reforma do espaço, taxas para regularização do empreendimento, treinamento da equipe, exames admissionais, uniformes.
Máquinas e equipamentos	Objetos, desde telefones, roteadores, computador, micro-ondas, máquina de café, balcões, liquidificador, entre muitos outros necessários para constituir uma loja de conveniência.
Móveis e utensílios	Talheres ecológicos, embalagens ecológicas, jogo americano, mesas, cadeiras, espremedores de suco...
Estoque e caixa mínimo	Material para começar a operar e caixa para o capital de giro inicial.
Outros	*Softwares*, hospedagem do site.

Também é preciso orçar o valor dos investimentos:

INVESTIMENTOS	VALORES EM R$
Pré-operacionais	120.388
Máquinas e equipamentos	15.922
Móveis e utensílios	12.427
Estoque e caixa mínimo	42.718
Outros	8.544
Total	**200.000**

Devemos, ainda, definir as fontes de recursos do projeto:

QUADRO DE USOS E FONTES	VALORES EM R$
Usos	**200.000**
Investimento pré-operacional	120.388
Investimento fixo	36.893
Investimento financeiro	42.718
Fontes	**200.000**
Capital próprio	60.000
Capital de terceiros	140.000

Sobre esse terceiro quadro, vale a pena ter em mente os conceitos de capital próprio e de terceiros.

» **Capital próprio:** parcela do total dos investimentos aportada pelos sócios. Lembre-se do capítulo 4 e da definição de patrimônio líquido.

» **Capital de terceiros:** parcela do investimento aportada por terceiros. Nesse caso, é importante saber que, para qualquer que seja o porte do investimento, se estiver bem estruturado, haverá possibilidades de tomar financiamentos a taxas baixas e competitivas oferecidas por instituições de fomento.

Após projetarmos o fluxo de caixa do projeto e calcularmos os principais indicadores econômicos, encontramos:

» VPL positivo;

» TIR positiva e atrativa;

» *payback*, ou seja, prazo de retorno do investimento de três anos;

» margem de lucro do negócio positiva.

Considerando as informações econômico-financeiras expostas até aqui, tendo em vista as variáveis de mercado previamente analisadas e levando em conta que não haverá concorrência direta (loja será o único estabelecimento comercial do parque), ficou decidido seguir em frente com o empreendimento.

Para discussão

» *Quais tipos de impacto poderiam fazer com que o projeto se tornasse inviável?*

» *O fato de o projeto ter prejuízo em algum dos anos de sua existência/vigência é sinal de que o negócio perde a viabilidade financeira?*

EXERCÍCIOS PROPOSTOS

1. Considere todos os aspectos já vistos até o momento (do capítulo 1 ao 5) e levante os aspectos abaixo.

   - Por que abrir uma empresa? (Considere seus aspectos sociais.)
   - Qual seria o ramo de atividade da sua empresa?
   - Quais seriam os pontos de atenção na gestão do caixa, considerando o segmento escolhido?
   - Como seria o seu relacionamento com os clientes e os fornecedores?
   - Quais indicadores você utilizaria para saber se o seu negócio é viável?
   - Qual seria o seu custo de oportunidade em empreender?
   - De onde viriam os recursos para financiar a sua empresa?

2. Se os seus recursos estão aplicados no banco, rendendo 6% ao ano, você aplicaria em um projeto com uma TIR de 8%?

3. Considere dois projetos:

Projeto A	Projeto B
TIR = 14% a.a.	TIR = 12% a.a.
VPL = R$ 14.000.000	VPL = R$ 12.500.000

   Agora, responda às perguntas:

   (a) Olhando apenas para os números, qual desses projetos você escolheria?

   (b) Considere que o projeto A envolva um investimento muito intensivo em novas tecnologias, com um altíssimo risco de implantação. Você manteria a sua escolha?

   (c) Acrescente, nas suas análises, que o projeto B será em um país onde há uma instabilidade política enorme. Você permanecerá analisando os projetos somente olhando para as métricas apresentadas até aqui?

4. A partir do exercício 3, pense nas métricas de análise de projetos, nas suas respectivas vantagens e desvantagens e, ainda, nas variáveis que também não devem ser negligenciadas, necessitando ser olhadas.

5. Sobre as fontes de financiamento, pense em duas ou três empresas que sejam listadas na Bolsa de Valores e que sejam do seu interesse. Entre no site de relação com investidores e baixe a última demonstração financeira anual. Nela, você encontrará todas as notas explicativas do Balanço Patrimonial. Procure pela nota explicativa de dívidas e financiamentos. Leia tudo com atenção para se familiarizar com os instrumentos de financiamentos apresentados neste capítulo.

CAPÍTULO 7

Controle e auditoria da área financeira

NESTE CAPÍTULO, ABORDAREMOS:

→ A IMPORTÂNCIA DOS CONTROLES PARA A ÁREA FINANCEIRA.

→ AS PRINCIPAIS ROTINAS DE CONTROLES.

→ O PAPEL DA UMA AUDITORIA.

→ *COMPLIANCE.*

A RELEVÂNCIA DOS CONTROLES NA ÁREA FINANCEIRA

A área financeira é especialmente sensível, porque qualquer problema ali tem reflexo direto no caixa. Essa é a razão pela qual a empresa precisa ter controles permanentes em toda e qualquer subárea da Diretoria Financeira.

Esses controles já existem há tempos, mas foram aprimorados principalmente após as fraudes da Enron e WorldCom, nos Estados Unidos.[1] Esses dois escândalos levaram à aprovação da Lei Sarbanes-Oxley (SOX), sancionada pelo Congresso norte-americano em 2002, que determinava que todas as empresas listadas em bolsa de valores nos Estados Unidos deveriam cumprir prestações de contas, divulgando informações detalhadas sobre seu Balanço Patrimonial, suas despesas e suas receitas.[2] Foi uma lei concebida para aperfeiçoar a governança corporativa e assegurar o *compliance*, definindo um arcabouço de controles e auditorias mais robustos, com penalidades mais severas, incluindo as áreas de tecnologia da informação (TI).

Todas as companhias no mundo que estão listadas em bolsa de valores nos EUA são obrigadas a adotar esse padrão de *compliance* e seus procedimentos, independentemente do lugar onde estejam. Mas, mesmo em empresas que não precisem se adequar à SOX, a governança corporativa é um aspecto cada vez mais valorizado. Principalmente as grandes organizações demandam cada vez mais por segurança e conformidade, com disponibilização das suas

---

1 O fim dessas duas empresas é emblemático para qualquer interessado em finanças, por isso suas histórias são apresentadas na seção "Estudo de caso", mais à frente neste capítulo.

2 A SOX define normas apenas para empresas de capital aberto. Seu nome se origina dos sobrenomes dos seus criadores.

informações seguindo padrões internacionais que exigem transparência e robustez.

Apesar de existirem diversos níveis e classificações de controles, a empresa, independentemente do porte, deve se planejar estruturando os procedimentos e normas apropriados ao seu negócio. Vencida essa etapa, ela deve implantar tais processos capazes de proteger os seus ativos, garantindo exatidão na contabilização das suas demonstrações financeiras e dando conforto à administração de que o negócio está sendo conduzido sem exposição a fraudes.

Não se trata apenas do caráter preventivo promovido pelos controles, mas da sua importância para a gestão do negócio em todos os seus momentos – planejamento, execução e tomada de decisões. Com isso, evitam-se sanções legais e prejuízos para o acionista.

Na área financeira, em especial, os pontos de controle têm grande relevância e estão presentes em todas as suas subáreas. Por exemplo, qualquer erro na emissão de notas fiscais pode levar a uma contabilização incorreta, levando também a empresa ao risco de ser autuada pela Receita Federal em razão de uma equivocada apuração dos tributos devidos.

Quando falamos de controle internos, estamos nos referindo a uma série de medidas e metodologias a serem adotadas para que a empresa se resguarde de riscos financeiros e proteja seu patrimônio.

As diretrizes e, principalmente, o exemplo devem vir do Conselho de Administração e ser "cascateados" para todos os executivos da companhia e suas equipes. Dessa forma, a prática dos controles permeará toda a companhia e passará a fazer parte de sua cultura organizacional.

Quadro 1. Exemplos de controles internos.

TIPO DO CONTROLE	CARACTERÍSTICAS
Código de Ética e Conduta	Deve ser lido e assinado por todos os colaboradores. Não deve ser tratado apenas como um simples documento. Cabe à empresa trabalhar os seus valores e exemplos de conduta em seus canais de divulgação interna.
Treinamento e capacitação	A empresa deve treinar os colaboradores das áreas mais suscetíveis a riscos e fraudes sobre como agir diante de situações nas quais testemunhem ou sejam forçados a ter ações de não conformidade.
Segurança da informação	Tem o objetivo de resguardar todo o legado de informações confidenciais técnicas e de negócios, além de zelar para que cada colaborador só tenha os acessos permitidos e para que todas as redes estejam devidamente protegidas. Vale também ressaltar a blindagem de sistemas e o Sistema Integrado de Gestão Empresarial (ERP).
Canal de denúncias	Ferramenta imprescindível para que quaisquer casos de roubos, fraudes e assédios cheguem à alta administração. Na maior parte dos casos, qualquer denúncia feita por esse canal é levada ao conhecimento do Conselho de Administração e até mesmo dos acionistas.

O ambiente de controle, com monitoramento e ferramentas de avaliação de riscos, entre outras importantes ações, propicia aos executivos o conforto de que a empresa está operando em conformidade e de que podem seguir e conduzir a operação e o negócio sem maiores exposições.

Cabe destacar que existem o controle preventivo e o detectivo, uma distinção baseada no tempo da aplicação do controle. O preventivo é realizado com o objetivo de bloquear fragilidades, impedindo que o processo de fraude seja iniciado. O detectivo capta e demonstra o erro durante o processo. Por exemplo, contar o estoque semanalmente para garantir que esteja tudo correto é um controle preventivo. Um controle detectivo consistiria em analisar um relatório semanal gerado sobre o estoque, buscando identificar alguma inconsistência.

É cada vez mais comum as empresas criarem seu departamento de auditoria, visando minimizar erros, fraudes, ineficiências e até abuso de poder, bem como formas de assédio moral. A ideia é de que a hierarquia não interfira nas investigações e denúncias.

ARQUIVAMENTO E DOCUMENTAÇÃO

Cada área da empresa precisa ter os seus processos corretos, bem executados, bem arquivados e bem documentados. Isso é necessário não só para a fluidez da operação mas também porque a empresa pode ser fiscalizada pela Receita Federal, pela CVM, pelo Banco Central ou por qualquer outra autarquia relacionada. Cabe acrescentar que a documentação representa a própria memória da empresa.

O arquivamento da documentação promove a salvaguarda das informações; permite gerenciar o risco e minimizar quaisquer perdas possíveis para a área financeira. Cada área tem um leque de documentação a ser guardado, seja por necessidade de atender a uma fiscalização ou auditoria, seja por regras legais.

Antigamente, usavam-se arquivos físicos – o famoso "arquivo morto" –, mas hoje encontramos grande parte da documentação digitalizada e armazenada em nuvem, com exceção dos itens que ainda são exigidos em papel, especialmente os que demandam certificação e registro em Cartório ou Junta Comercial.[3] Até mesmo os processos atuais de assinatura eletrônica e o certificado digital são evoluções tecnológicas que impõem controles na empresa.

Os documentos corporativos estão associados a questões fiscais, tributárias, trabalhistas, societárias, sociais, além de casos como doações, benefícios fiscais ou patrocínios, cada um com a sua regra a ser cumprida.

---

3 A Junta Comercial tem como principal função armazenar, organizar e realizar registros de companhias para que possam exercer as suas atividades sem infringir a lei. Além disso, esse órgão é responsável pela abertura de empresas.

Companhias listadas em bolsa são obrigadas a entregar, regularmente, formulários e relatórios à CVM e ao Banco Central, por isso a correta organização é fundamental para não gerar atrasos e penalidades.

DIVISÃO DE RESPONSABILIDADES

Uma área financeira que funciona corretamente deve ter toda a sua documentação padronizada, todos os fluxos de cada atividade desenhados e com os *checkpoints* (os pontos de controle) mapeados nesses fluxos. Um exemplo é a remessa de valores para o exterior, processo que exige diversos documentos, entre eles a fatura, que dá suporte à transação, e a declaração da finalidade (dividendos, pagamento de fornecedor...), além de outras exigências para ser fechada a operação de câmbio.

As funções e responsabilidades das equipes e de seus membros devem ser divididas. Costuma-se falar em matriz de responsabilidades, para evitar sobreposição de tarefas que possam colocar em risco a área financeira. Por exemplo, considerando-se o fluxo de pagamento, pessoas distintas devem desempenhar atividades como:

(a) gerar a ordem de pagamento;

(b) aprovar essa ordem de pagamento;

(c) incluir o pagamento no banco;

(d) aprovar no banco a efetuação desse pagamento.

Vê-se, pelo exemplo, que é preciso cuidar da questão da segregação de funções. É importante que a matriz de responsabilidades exista tanto entre as áreas como internamente em cada uma delas, compatibilizando as responsabilidades entre os cargos.

As equipes devem ser organizadas e gerenciadas para que não ocorra interferência de funções. Com os *checks* e controles automatizados, é possível inclusive verificar a consistência do sistema em uso e garantir que o sistema esteja blindado quanto a acessos indevidos, fraudes e manipulações.

Além da segregação de função, existe a chamada matriz de autoridade para cobrir todas as responsabilidades. Um gerente de Tesouraria não tem atribuição de aprovar qualquer ordem de pagamento, mas apenas a saída do dinheiro no banco. Ele nunca pode ser responsável por aprovar uma ordem de compra que o departamento de compras lançou. Se assim não fosse, ele estaria aprovando a compra e o pagamento dessa compra. As autorizações precisam sempre ser cruzadas. Além disso, os limites de alçada de pagamentos e a sua natureza devem também ser observados.

> **EXEMPLO PRÁTICO**
>
> Imaginemos o pagamento de um bônus que representará R$ 3.000.000. O gerente da área tem autorização para aprovar solicitações de pagamentos de até R$ 5.000.000, mas, pela natureza, por ser um bônus e não um pagamento de fornecedor, a aprovação desse pagamento passará também por Recursos Humanos ou pela Presidência, conforme definido pela governança da empresa.

Mesmo quando tratamos de empresas pequenas e/ou familiares, cabe a existência de procedimentos, pois, em caso de erro ou fraude, estará o próprio sócio/administrador comprometendo-se judicialmente, como responsável civil pela empresa.

Quanto mais uma companhia investe em prevenção, aperfeiçoando os controles internos da sua área financeira, bem como os sistemas de *checks* primários de auditoria interna ou de *checks* de consistência por amostragem em cada área, mais consegue se antecipar a uma falha e detectá-la, ajustando o processo caso seja necessário.

A área de controles internos, responsável pelo arcabouço de controle e auditoria de uma empresa, deve ser imparcial. Por isso, normalmente se reporta diretamente ao Conselho de Administração (em grandes companhias), para que não sofra ingerências originadas de autoridade executiva da empresa. Dessa forma, preservando a sua independência, auxilia no processo de tomada de decisão e na transparência dos resultados.

AUDITORIA

Quando uma auditoria não destaca nenhum ponto a melhorar, é algo até preocupante, porque sempre existe a oportunidade de melhoria.

Uma empresa tem sempre algum processo ou procedimento a ser, pelo menos, aprimorado. O fato de uma auditoria encontrar pontos de melhoria não significa que a empresa tenha fraudes ou não possua governança.

A área de auditoria interna realiza os testes de controles e aponta os desvios encontrados para que o processo auditado seja corrigido, revisto ou aprimorado. A auditoria externa (ou auditoria independente) vem testar, isenta de qualquer comprometimento com a empresa, se o trabalho da auditoria interna está sendo bem executado, além de fazer outros testes de controle.

O objetivo da auditoria financeira é avaliar se as atribuições de cada área estão dentro dos processos estabelecidos e checar se as contabilizações e os processos tributários estão em conformidade, por meio dos inúmeros testes aplicados.

Cabe à auditoria determinar, em cada processo, os pontos de controle, as potenciais exposições e mapear o tamanho e a dimensão de cada risco. Os auditores devem ter completo acesso às informações solicitadas e aos documentos da área auditada. O auditor receberá o fluxo de procedimentos e validará se os pontos de controle são eficazes, além de testá-los por meio de solicitação de amostras. Ele pode, ainda, ajudar a mapear os processos de uma área, observar que poderia haver um ponto de controle adicional durante as etapas e sugerir essa implementação.

Como dito antes, as verificações e análises são feitas a partir da coleta de amostras. Caso seja encontrado algum desvio, é muito melhor, pela ótica do auditor, que a companhia demonstre já estar ciente do problema, de que ele foi localizado, havendo já uma ação de reparo em andamento, do que se mostrar surpresa com tal apontamento.

Para a execução das atividades no dia a dia, quando se trata de empresa de menor porte, os clientes observam e percebem imediatamente a condição dela pela agilidade e pela correção do atendimento. Mas a demonstração cabal da robustez dos processos, principalmente em empresas de maior porte, pode ser feita mediante demanda, a pedido de acionistas, de eventuais investidores ou da área de crédito do banco. E, assim, a empresa vai passando confiança aos seus públicos.

A auditoria e os controles internos devem ser áreas vivas. Isso porque as fraudes são constantes, os produtos das empresas são novos, a tecnologia evolui e o mercado muda muito rapidamente. Portanto, a auditoria tem de estar atenta a tudo, sempre um passo à frente, a fim de tentar identificar qualquer processo interno ou externo com fragilidade potencial para se tornar sujeita a fraude.

EXEMPLO PRÁTICO

Um exemplo recente é a implantação do Pix, meio de pagamento eletrônico e instantâneo criado pelo Banco Central do Brasil. Os bancos tiveram de mapear os novos processos, atualizar-se, construir sistemas e adaptar todos os dispositivos de tecnologia para prevenir e impedir fraudes aos clientes.

No caso de empresas de capital aberto (isto é, listadas em bolsa de valores), as auditorias externas são trimestrais, e a cada determinado período é obrigatório fazer um rodízio entre os auditores.

Ao final da auditoria, temos um parecer que contempla todos os processos e procedimentos revisitados e o "parecer ou relatório" do auditor independente. É muito comum que o parecer venha com recomendações de melhorias e com os pontos mais críticos também destacados.

Dessa forma, a companhia é capaz de garantir credibilidade, ter suporte para possíveis expansões e estar organizada para competir no mercado em que atua, tendo a confiança de seus fornecedores, consumidores, credores, investidores e sócios.

COMPLIANCE

A palavra *compliance* se origina do inglês e significa estar em conformidade. Estamos falando aqui do conjunto de regras internas que garantem a boa governança e não podem ser ultrapassadas. É o arcabouço de normas e condutas que demonstra que a empresa está em conformidade, ou seja, agindo de acordo com as leis, as políticas e os atos internos.

É de total responsabilidade dos executivos implementar o programa de *compliance*, oferecer treinamento aos colaboradores, funcionar como um norte aos colaboradores e trabalhar para que sua essência seja permeada pela companhia.

Abaixo, alguns exemplos tradicionais de *compliance* em empresas.

- A proibição, para áreas como a de compras e a financeira, de aceitar brindes, presentes ou convites para eventos de grande porte.
- Regras rígidas para reembolsos de almoços ou jantares comerciais ou institucionais. O valor das refeições, o

consumo de bebidas alcoólicas e o pagamento da conta são previstos em procedimentos.

- Mapeamentos de processos de compras, cadastro de fornecedores e fluxo de pagamentos.
- O estabelecimento de padrões éticos e limites de suas atividades-fim (muito aplicado, por exemplo, em empresas envolvidas com pesquisa genética).

É importante também fazermos o contraponto, demonstrando que, embora o *compliance* deva ser seguido, existem situações de exceção.

EXEMPLO PRÁTICO

Abaixo, alguns exemplos vinculados às vivências com a pandemia.

» Sobre a pesquisa e o teste acelerado das vacinas, se os laboratórios tivessem seguido o *compliance*, teríamos tantas vacinas testadas em tempo recorde?

» A implantação e a disseminação da telemedicina, poupando pessoas de se deslocarem e correrem o risco de contaminação, estavam totalmente previstas e regulamentadas?

» Houve um rompimento de regras preestabelecidas, talvez em não conformidade com os processos. Entretanto, sem infringir a lei, mensurando que o benefício daquela ação seria enorme e que, se acompanhada de perto, não traria maior risco à sociedade e às empresas, foi possível implementá-la rapidamente.

É importante que se diga que não existe uma faculdade para formar um profissional de *compliance* e de auditoria interna. Essa pessoa é alguém que tem uma visão mais holística da atividade e da empresa, ou que tem um perfil de observação, de mais atenção a minúcias e controles.

A formação de um profissional de auditoria interna acaba sendo uma consequência do exercício da sua atividade dentro da empresa, no dia a dia. Esse profissional é um facilitador e um agregador natural e acaba por buscar trabalhar na área de controles internos e auditoria.

Enfim, não há um perfil estabelecido de como deve ser um *compliance officer*, ou analista de *compliance*, ou analista de controles internos. Não existe uma formação acadêmica específica. Caberá a ele, na sua trajetória de trabalho, trilhar esse caminho dentro da organização.

Algumas características são indispensáveis ao profissional dessa área, como se preparar buscando estudos, publicações e cursos de extensão, demonstrar disciplina e ética no desempenho de sua atividade e criar bons relacionamentos para ter boa entrada nas áreas da companhia.

É importante destacar que, se os gestores de uma empresa – por exemplo, o tesoureiro ou o gerente financeiro – forem pessoas que todo mundo teme ou de difícil acesso, eles serão os últimos a saber de eventuais fraudes ou falhas processuais graves, porque é natural que os colaboradores passem a ter medo de denunciar.

RESUMO DE PONTOS FUNDAMENTAIS DESTE CAPÍTULO:

→ AS PRINCIPAIS FERRAMENTAS DE CONTROLES INTERNOS E SUAS CARACTERÍSTICAS.

→ O PORQUÊ DA SEGREGAÇÃO DE ATIVIDADES E COMO FAZÊ-LA.

→ O TRABALHO DOS AUDITORES (TANTO OS INTERNOS QUANTO OS EXTERNOS).

→ O *COMPLIANCE* E SUA FORMA DE APLICAÇÃO NO DIA A DIA DA EMPRESA.

ESTUDO DE CASO

Fraudes bilionárias

Vamos conhecer um pouco mais dos casos da Enron e da WorldCom, que deixaram uma lição sobre a importância dos controles na área financeira.

Enron

Essa companhia de energia norte-americana foi fundada em 1985, mas ampliou suas atividades e incluiu a área de seguros nos seus investimentos. Chegou ter mais de 21 mil funcionários, com faturamento de US$ 100 bilhões no ano 2000.

Em outubro de 2001, a Enron divulgou um prejuízo líquido de mais de US$ 600 milhões, que teria sido provocado por uma despesa excepcional de US$ 1 bilhão.

O prejuízo gigantesco levou a US Securities and Exchange Commission (SEC)[1] a investigar o caso, e descobriu-se que a Enron vinha declarando lucros muito maiores do que os lucros reais havia anos. A fraude envolvia a empresa de auditoria externa (também gigante em sua área) que cuidava das contas da Enron, além de instituições financeiras e escritórios de advocacia.

O esquema foi responsável por uma série de complicadas transações financeiras que permitiram tratar empréstimos tomados como se fossem vendas efetuadas. Assim, o lucro e a rentabilidade da Enron eram inflados artificialmente, e as dívidas, ocultadas. Segundo as investigações, foram escondidos débitos de até US$ 25 bilhões por dois anos consecutivos. A Enron acabou pedindo concordata em dezembro de 2001. Em 2004, foi liquidada, com suas posses distribuídas entre os credores das dívidas.

Desde agosto de 2001, a diretoria já sabia que não dava mais para segurar o rombo. Então, seus membros começaram a se desfazer de suas ações pessoais gradativamente nas bolsas, com muito cuidado para não chamar a atenção e, principalmente, não desvalorizar os papéis.

Ao mesmo tempo, passou-se a incentivar o fundo de pensão dos funcionários a comprar mais ações da empresa. Quando o problema veio à tona, os diretores tinham se desfeito de todas as suas ações, agora desvalorizadas, e o fundo de pensão dos funcionários estava abarrotado delas. Assim, os funcionários perderam seus empregos, suas poupanças e suas aposentadorias.

O governo norte-americano abriu dezenas de investigações criminais contra executivos da Enron e da empresa de auditoria. Além disso, pessoas lesadas pela Enron também moveram processos.

---

1 A SEC funciona como a Comissão de Valores Mobiliários (CVM) no Brasil, regulando o mercado norte-americano de capitais.

WorldCom

Tal como a Enron, a WorldCom era uma companhia de primeira grandeza, símbolo da euforia norte-americana no final da década de 1990. Também como a Enron, a WorldCom sempre foi cortejada pelos investidores, que, de meados de 1998 à metade de 1999, multiplicaram por seis a sua cotação. E, assim como a Enron, a WorldCom teve uma queda tão vertiginosa quanto a sua ascensão: uma dívida gigantesca de US$ 41 bilhões e a descoberta de desvios contábeis da ordem de US$ 4 bilhões para ocultar suas perdas, resultando em outro enorme escândalo financeiro.

A empresa já estava sendo investigada pela SEC por problemas na contabilidade e por um empréstimo concedido ao seu fundador e ex-presidente, que havia sido demitido um pouco antes de o escândalo vir à tona. E ainda forjou lucros contabilizando "erroneamente" US$ 3,8 bilhões de despesas para o ativo imobilizado,[2] entre janeiro de 2001 e março de 2002. Isso teria vários efeitos positivos em indicadores-chave do desempenho da companhia. Ativos imobilizados podem se depreciar em um período longo, portanto a empresa evitou o registro de uma despesa e inflou seu lucro líquido.

A fraude foi descoberta em uma auditoria interna, conforme anunciou a empresa na ocasião. A empresa de auditoria externa divulgou um comunicado afirmando que não tinha violado nenhuma regra contábil e que o diretor financeiro da WorldCom ocultara informações dos auditores. Vale ressaltar que essa empresa de auditoria era a mesma que auditava a Enron.

Após a revisão, o LAJIDA, ou seja, o Lucro Antes dos Juros, Impostos, Depreciação e Amortização de 2001 caiu dos US$ 10,5 bilhões anteriormente declarados para US$ 6,3 bilhões, e o LAJIDA no 1º trimestre de 2002 foi de US$ 2,2 bilhões para US$ 1,4 bilhão.

A WorldCom teve falência decretada em julho de 2002, e seu caso é tido como uma das maiores fraudes contábeis da história.

Para discussão

» *Em seu livro Manias, Panics and Crashes, de 2005, um clássico sobre especulação financeira, o professor Charles Kindleberger, do Massachusetts Institute of Technology (MIT), afirma que, toda vez que as bolhas especulativas ocorrem, parecem ser diferentes, mas na realidade guardam inúmeras semelhanças entre si. Comente essa fala de Kindleberger e por quê.*

» *Em julho de 2002, foi decretada a falência da WorldCom. Especialistas em contabilidade afirmam que a companhia praticou um dos truques contábeis mais simples que se conhece. Comente essa afirmação.*

---

2 Como vimos anteriormente, as despesas compõem a DRE e, consequentemente, afetam os lucros. Já os gastos em ativos impactam lentamente a despesa por meio da depreciação.

EXERCÍCIOS PROPOSTOS

1. Qual é a importância dos controles internos na estrutura de uma empresa?

2. Por quais motivos os controles de processos se fazem necessários na área financeira?

3. Quais são as diferenças entre o controle preventivo e o detectivo?

4. Quais seriam os controles corretivos?

5. Discuta com os seus colegas ou faça uma pesquisa sobre as principais falhas de controle que existem na área financeira.

6. Qual é a importância de a área de controles internos de uma empresa ser independente e se reportar ao Conselho de Administração? Você acha que funcionaria se essa área se reportasse diretamente ao próprio gestor da área que está sendo auditada?

7. Pesquise na internet sobre informações a serem disponibilizadas ou documentos que devem, obrigatoriamente, ser arquivados na CVM, no Banco Central ou na Receita Federal.

8. Qual é a importância do estabelecimento de uma matriz de autoridade e da segregação de funções?

9. Qual é o objetivo de uma auditoria?

10. O que significa conformidade?

11. Defina *compliance* e a sua relação com auditoria.

12. Busque outros casos de fraudes em demonstrações financeiras, diferentes dos apresentados no estudo de caso.

Indicações de filmes

- *Wall Street – Poder e cobiça (1987)*
- *Enron – Os mais espertos da sala (2005)*
- *Trabalho interno (2010)*
- *A grande aposta (2015)*
- *Margin Call – O dia antes do fim (2011)*
- *O lobo de Wall Street (2013)*

CAPÍTULO 8

Interfaces da área financeira

NESTE CAPÍTULO, ABORDAREMOS:

→ RELACIONAMENTO DA ÁREA FINANCEIRA COM AS DEMAIS DA EMPRESA.

→ PONTOS A ATENTAR NO RELACIONAMENTO ENTRE AS ÁREAS.

→ IMPORTÂNCIA DO CONTRATO COMERCIAL.

→ PONTOS SENSÍVEIS NA ELABORAÇÃO DE UM CONTRATO COMERCIAL.

O RELACIONAMENTO ENTRE AS DIVERSAS ÁREAS DA EMPRESA

Quando falamos sobre a interação da Diretoria Financeira com as demais áreas da empresa, precisamos considerar que o modelo de gestão[1] da companhia tem a responsabilidade de zelar por essa integração, dar suporte às tomadas de decisão e estruturar as equipes para se relacionarem eficientemente.

Explicaremos a seguir como a interação do Financeiro ocorre com diversas áreas da empresa, para que você possa perceber a importância desse relacionamento. Se a relação do Financeiro com essas áreas das quais vamos falar não ocorrer com fluidez e eficiência, a empresa poderá ter perdas significativas.

JURÍDICA

As áreas financeira e jurídica são completamente interligadas. A atividade-fim da empresa é regida por contratos com seus clientes, que contemplam cláusulas financeiras. Por isso, é muito importante a área financeira manter contato com a jurídica, para que esta possa criticar e propor a redação das cláusulas. Uma redação de cláusula com o olhar do Jurídico pode evitar que a empresa fique exposta a algum fator capaz de lhe render problemas no futuro.

Essa análise crítica não se restringe a contratos comerciais. É útil também nos contratos trabalhistas e sindicais, bem como naqueles que envolvem bancos, corretoras de seguros e fornecedores. O

---

[1] Como modelo de gestão podemos entender o conjunto das estratégias para a governança da empresa. Esse conjunto considera todos os seus recursos (financeiros, humanos e tecnológicos) com o intuito de estabelecer a organização das suas áreas e o modo de atuação/interação dos seus gestores, sempre conforme as políticas da empresa.

Jurídico pode avaliar se as cláusulas financeiras (multas, penalidades, seguros, meios e prazos de pagamento) estão bem amarradas, porque o propósito é proteger o patrimônio da empresa.

Cabe ainda à área jurídica verificar todas as contingências, como multas e processos trabalhistas, cíveis ou tributários aos quais a empresa possa estar sujeita, e analisar a probabilidade de essas contingências se concretizarem.

CONTINGÊNCIAS
Situações imprevistas; existe dúvida sobre a sua concretização.

Se os compromissos nas relações contratuais entre contratante e contratado estiverem bem escritos, poderão ser evitados problemas como penhora de recursos e bloqueios judiciais (de saldos bancários ou aplicações financeiras).

PENHORA
Utilização do recurso para garantir o pagamento de dívida judicial.

Existem, inclusive, contratos de financiamento em que se prevê a possibilidade de seu vencimento antecipado, caso a empresa venha a descumprir alguma obrigação contratual relevante.

VENCIMENTO ANTECIPADO
Também chamadas de covenants, essas cláusulas são a garantia, aos credores, de que a empresa que toma crédito não vai deixar de seguir algumas diretrizes explicitadas em contrato.

Aspectos tributários

Outro aspecto que pode vir a gerar impacto financeiro consiste nas questões relacionadas a rotinas e planejamento tributários. Uma interpretação tributária eficiente pode significar uma melhora direta no lucro da empresa.

As teses tributárias exigem que o relacionamento entre a área jurídica e a financeira seja de quase cumplicidade. Isso porque existem opiniões mais arrojadas para a execução do planejamento tributário e interpretações da legislação que geram resultados melhores, mas que colocam a empresa em risco de autuação.

Existem diversas interpretações da lei passíveis de contestação por liminares para reduzir o recolhimento de imposto, assim como existem planejamentos tributários deficientes que podem levar à bitributação (ou seja, a empresa pagar duas vezes o mesmo tributo pelo mesmo fato gerador).

Por outro lado, um planejamento tributário bem estudado e programado pode gerar uma economia fiscal de maneira legal para a empresa. Por isso, o trabalho integrado das áreas financeira, jurídica e tributária tem comprovada eficiência.

A complexidade do sistema tributário e sua burocracia no Brasil são fatores que precisam ser levados em conta, pois perda de prazos ou falhas de entrega de documentação completa podem atrapalhar a empresa. Às vezes, são abertas oportunidades de Refis[2] ou de Refin,[3] e a empresa poderá ser prejudicada se não estiver dentro do prazo e com a documentação em ordem.

Por fim, é necessário observar a legislação tributária com muita atenção, pois existem diversos tributos – federais, estaduais, municipais – de peculiaridades e características distintas.

Quadro 1. Principais tributos existentes.

ESFERA	TRIBUTO	DESCRIÇÃO
	Cofins.	Contribuição para o Financiamento da Seguridade Social.
	CSLL.	Contribuição Social sobre o Lucro Líquido.
	II.	Imposto sobre Importação, para mercadorias vindas de fora do país.
	INSS.	Instituto Nacional do Seguro Social.
Federal	IOF.	Imposto sobre Operações Financeiras, para empréstimos, ações e demais ações financeiras.
	IPI.	Imposto sobre Produtos Industrializados, para a indústria.
	IRPF.	Imposto de Renda da Pessoa Física, sobre a renda do cidadão.
	IRPJ.	Imposto de Renda de Pessoa Jurídica, sobre a renda de CNPJs.
	PIS.	Programa de Integração Social.

2 O Programa de Refinanciamento de Dívidas (Refis) é um mecanismo criado para permitir a empresas regularizar, quase sempre com descontos, créditos decorrentes de débitos relativos a tributos administrados pelos órgãos federais.
3 Refin significa restrição financeira. É um cadastro de pessoas físicas e jurídicas que tenham algum tipo de débito com instituições financeiras, como bancos, financeiras, corretoras de valores etc., que pode ser consultado para concessão ou negativação de crédito.

ESFERA	TRIBUTO	DESCRIÇÃO
	ICMS.	Imposto sobre Circulação de Mercadorias e Serviços.
Estadual	IPVA.	Imposto sobre a Propriedade de Veículos Automotores.
	ITCMD.	Imposto de Transmissão Causa Mortis e Doação.
	IPTU.	Imposto sobre a Propriedade Predial e Territorial Urbana.
Municipal	ISS.	Imposto sobre Serviços.
	ITBI.	Imposto de Transmissão de Bens Imóveis.

LOGÍSTICA E SUPRIMENTOS

A área financeira tende a olhar Logística e Suprimentos sempre como uma área de geração de valor para a companhia. O bom relacionamento e a gestão conjunta podem vir a ser uma grande oportunidade e um diferencial para a obtenção de resultados expressivos.

Em muitas empresas, em virtude dos altos volumes envolvidos e negociados, a responsabilidade da área de compras passa a ter um papel estratégico. Como mencionado em capítulos anteriores, o prazo de pagamento das compras, a qualificação do fornecedor contratado e os preços acordados são variáveis que pedem monitoramento constante.

O gestor da área financeira, conforme o que recomenda o *compliance*, não deve ter contato com o fornecedor. Negociação e contratação devem ser conduzidas exclusivamente pela área de compras. Entretanto, a área financeira deverá monitorar alguns pontos críticos nesse processo:

- dando suporte ao processo de qualificação do fornecedor, o que é feito checando a sua saúde financeira. É importante lembrarmos que, em muitos casos, fornecedores exigem adiantamentos, e, para que isso ocorra, a empresa contratante deve ter a garantia de que terá saúde financeira até o término do contrato;

- dando suporte nas negociações contratuais com os despachantes aduaneiros e com empresas de armazenagem, de transportes, de seguros e de frete.

A área de compras e logística pode solicitar o apoio da área finaneceira em relação a diferentes aspectos:

- na prospecção de novos fornecedores e na pulverização de fornecedores, para não ficar "refém" de um único fornecedor;
- para propor, à área comercial ou à área de operações, uma substituição de material que possa gerar uma economia financeira;
- dar suporte com o objetivo de garantir que os fornecedores cumpram os prazos e a empresa cumpra o seu contrato com o cliente, sem risco de multa.

RECURSOS HUMANOS

O capital humano tem estreita relação com o capital financeiro, porque a empresa precisa de pessoas adequadamente capacitadas para cada função.

Além disso, as contratações realizadas pelo RH têm de ser feitas conforme orçado, dentro do planejamento financeiro aprovado no início do ano, a não ser que a empresa ganhe um novo projeto ou um contrato não esperado e necessite de mão de obra adicional.

Existem diversos outros aspectos em que a atuação da área de recursos humanos tem grande impacto expressivo na financeira. O RH precisa:

- recolher tempestivamente os impostos incidentes sobre a folha. Caso não sejam devidamente pagos, pode-se configurar apropriação indébita;[4]

> **TEMPESTIVAMENTE**
> No momento exato ou oportuno.

---

[4] Apropriação indébita significa a empresa tomar para ela, indevidamente, algo que não lhe pertence. No exemplo, a empresa deve recolher os impostos para os colaboradores. Se não o fizer, estará se apropriando de maneira indevida de recursos que não deveriam permanecer com ela.

PROVENTOS

Valores de ganho do colaborador na folha (por exemplo, salário, hora extra, adicional de insalubridade).

- observar o pagamento dos proventos na folha de pagamento, além de acompanhar os processos que envolvem a legislação trabalhista;

- atentar aos riscos do volume de horas extras, que, caso sejam constantes, podem prejudicar a vida do colaborador fora da empresa;

- assegurar que os cursos e treinamentos pagos pela empresa tragam melhoria na qualificação daquele colaborador – seja para evitar erros, seja para aprimorar os processos;

- cuidar da qualidade da segurança do trabalho. Qualquer acidente, além de envolver e impactar vidas e famílias, pode representar um prejuízo financeiro para a empresa;

- Mensurar os riscos de episódios de greves e paralisações, de demissão em massa, de Programa de Demissão Voluntária (PDV).

OPERAÇÕES

Uma vez que a empresa ganhe um novo contrato comercial, é a área de operações que vai conduzir a sua execução orçamentária, além de controlar eventuais externalidades que possam afetar a execução do contrato e, consequentemente, a eficácia da gestão financeira dele.

EXTERNALIDADES

Na área econômica, externalidades ou exterioridades são efeitos ou consequências (positivos ou negativos) de uma decisão sobre pessoas ou instituições que não participaram dessa decisão.

COMERCIAL/MARKETING

Esse é o relacionamento que costuma ser, ao mesmo tempo, o mais relevante e um dos mais críticos. O Comercial quer vender, tem metas e a pressão pelas metas e, muitas vezes, pode vir a passar por cima de algumas lógicas financeiras. Por exemplo, oferecendo prazo maior de pagamento ao cliente – se o Financeiro não estiver atento – ou dando a ele algum desconto que não deveria, o que torna aquele produto menos lucrativo ou aquele projeto menos viável.

Muitas vezes, a área comercial pressionará a financeira para viabilizar determinado contrato.

Deve haver um critério para a concessão de crédito aos clientes da empresa, com análise técnica, financeira e jurídica. A fluidez e a agilidade da comunicação entre essas áreas aumentam a segurança nas negociações comerciais. Quanto mais alinhadas as áreas estiverem, mais positiva será a imagem da empresa perante os clientes, que vão testemunhar a organização e o bom atendimento.

A área comercial deve estar envolvida na questão da adimplência dos clientes, e é prudente que sua performance seja mensurada pela diminuição da inadimplência, de modo que não tenha a postura de somente executar a venda sem se preocupar com os aspectos financeiros.

Outra questão bastante delicada é, em caso de inadimplência, a responsabilidade pela cobrança. Quem cobrará o cliente – a área financeira ou a comercial? Os riscos: o financeiro pode fazer a cobrança com muita severidade e minar a relação com o cliente, mas o comercial pode cobrar e igualmente minar esse relacionamento. Esse aspecto é sempre uma linha muito tênue e deve ser tratado de forma estratégica pelas empresas.[5]

O que ocorre é a empresa analisar a lista de devedores cliente a cliente – em casos extremos, o próprio presidente participa das negociações. Ainda existem casos nos quais é conveniente para a empresa fazer algumas concessões para preservar o cliente em negociações futuras.

---

5 Nesse caso, não estamos tratando de empresas concessionárias, como de serviços de água, luz ou telefone, que possuem as suas estratégias próprias consolidadas.

Existem, ainda, situações em que o contrato é assinado com margem menor de lucratividade, ou mesmo com a margem zerada, retendo o cliente para futuros negócios ou mesmo para vencer a concorrência.

A importância de um contrato comercial na área financeira

Antigamente, os contratos eram orais, baseados na recomendação e na confiança. Chegou-se a criar um contrato padrão, que raramente atendia às vontades das partes e resultavam em muitas batalhas judiciais – e mesmo bélicas –, porque muitos abusos eram cometidos. Por volta do século XVII, com a evolução do direito, e por influência do conceito de justiça, começou-se a quebrar a imutabilidade dos contratos, mesmo que timidamente.

Os contratos contemporâneos foram concebidos para eliminar todas as deficiências do contrato verbal e do contrato medieval e, inclusive, para possibilitar a execução, fazendo com que sejam cumpridos de maneira mais eficaz. Vale lembrar que, por definição, o contrato é o documento que estabelece direitos e deveres entre as partes que celebram algum negócio.

Atualmente, porém, existem contratos comerciais, administrativos e trabalhistas de enorme complexidade, cada um obedecendo à legislação correspondente, com muitas páginas e que demandam muito vaivém até serem considerados conformes. As empresas precisam estar prontas para reagir rapidamente a alterações circunstanciais que podem interferir na elaboração de um contrato – um exemplo foi a Reforma Trabalhista de 2017.

Assim, na atualidade – salvo os contratos de adesão, como os de telefonia celular –, os contratos são customizados e muito minuciosos. A qualquer divergência que surja, as partes podem recorrer ao contrato para ver como o documento rege aquele ponto.

A assinatura de um contrato é o momento de assumir um risco de negócio. Daí a importância de que se estude profundamente, com seriedade e propriedade, o que pode vir a gerar problemas. De nada adianta o comercial ter um bom preço, mas oferecer ao cliente um prazo de pagamento que não coincida com o custo que a empresa vai ter com aquele contrato, gerando um descasamento financeiro.

O contrato intermedeia relações entre a empresa e seus *stakeholders*, garantindo as regras corretas, e por essa razão desempenha papel importante para o crescimento da empresa. Envolve muitas obrigações, garantias, penalidades por falha ou atraso no desempenho, tudo isso porque a área financeira tem de estar muito confortável com o texto do contrato para evitar alguma má interpretação.

Cada contrato tem um ciclo de vida: a pré-contratação (normalmente, por meio de um Memorando de Entendimento), a elaboração do contrato com análise de todos os riscos que podem gerar impacto, a pré-execução, a execução, o acompanhamento dos marcos contratuais e, então, o encerramento.

Um ponto específico do contrato, que precisa ser muito bem definido, é o seu objeto.[6]

A mesma atenção deve ser dada a contratos com credores. Há contratos que trazem até restrições societárias: um sócio não pode fazer a venda de parte do seu negócio sem o aval do seu credor – e aqui estamos falando de sindicato de bancos e, também, dos bancos e instituições de fomento, como o BNDES e o Finep.

Vamos reforçar que não é porque a área comercial tem um bom relacionamento com o cliente há muitos anos que pode considerá-lo amigo e pode celebrar com ele um contrato menos formal.

---

[6] Objeto de um contrato significa o seu propósito. Está diretamente relacionado às obrigações que cada uma das partes assume.

É sempre importante ter apoio da área jurídica para que a equipe comercial não se desgaste nas discussões com o cliente em relação a cláusulas que estejam gerando divergência entre as partes. E é importante que a empresa consiga exaurir, nas discussões preliminares, todos os pontos de desconforto, antes da assinatura, para evitar a necessidade de fazer termos aditivos, o que demanda mais debate e perda de tempo.

ADITIVOS
O aditivo contratual é um complemento ao contrato original, necessário a cada vez que haja alteração em qualquer cláusula.

Quando o contrato é celebrado entre fronteiras internacionais, é preciso observar a legislação de cada país. E, mesmo nacionalmente, deve-se estar atento à questão de vínculos empregatícios quando serviços de terceiros são envolvidos. Esse é um aspecto que, se não tiver cláusulas muito claras, poderá expor a empresa financeiramente, gerando processos trabalhistas.

Os bons contratos são aqueles que minimizam riscos, que têm clareza nas obrigações de cada parte, inclusive contendo a matriz de obrigações. É comum que empresas, na pressa de fechar o negócio, assinem contrato sem discutir com a necessária profundidade todas as cláusulas e, quando começam a execução, percebam que não estão totalmente cobertas.

Parte essencial dos contratos é a que se refere a eventuais multas em caso de descumprimento na oferta, na prestação ou na correção de serviços, peças ou equipamentos.

Cabe ainda, à área financeira, verificar qual é o indexador mais adequado para a correção do contrato.

Outra parte fundamental refere-se à confidencialidade dos termos dos contratos e à duração desse período de confidencialidade. Qualquer informação confidencial que vaze pode ter a cláusula rescisória reivindicada, sob argumento de quebra de contrato, e ocasionar o seu encerramento e até processos administrativos e criminais, dependendo da natureza da informação.

Quando contratos grandes são concluídos, é de extrema importância promover um termo de quitação, para evitar, adiante, problemas com execução de garantias ou reivindicações do cliente.

Por isso, é importante que a área financeira participe da negociação desde o minuto inicial até a assinatura, a execução do contrato e o encerramento desse contrato. Quando a área financeira está analisando um contrato, não está preocupada somente com os riscos financeiros, como prazos de recebimento, valores e quantias. Pode estar preocupada com uma possível penalidade ambiental, alguma penalidade trabalhista que, em algum momento, poderão trazer impacto financeiro.

Hoje, apesar de toda a tecnologia disponível, como *softwares* de gestão de informações, ainda não há nada que substitua o profissional qualificado para o acompanhamento contratual.

CONSIDERAÇÕES PRÁTICAS

Como conclusão, lembremo-nos da importância da robustez, da transparência e da atualização na comunicação. A empresa deve romper qualquer barreira setorial ou departamental, fazendo com que o fluxo de informações e de políticas percorra toda a corporação, de modo que todos estejam engajados no propósito da companhia e em sintonia.

O conceito de ASG, apresentado no início do livro e que designa modernamente o compromisso com o meio ambiente, com o social e com as boas práticas de governança corporativa, vem ganhando espaço nas discussões corporativas de forma acelerada. É uma evolução que demonstra o aumento da preocupação das empresas com esses aspectos. Ao cumpri-los e respeitá-los, a empresa passa a ser mais competitiva no longo prazo, seu investimento tem impacto social positivo e ela incorpora mais um fundamento que justifique sua permanência e sua perpetuidade.

A própria B3 (a bolsa de valores oficial do Brasil, sediada em São Paulo) já criou o chamado Índice de Sustentabilidade, constituído apenas pelas empresas que atendem a determinado padrão de qualificação e de impacto nas variáveis ASG.[7]

RESUMO DE PONTOS FUNDAMENTAIS DESTE CAPÍTULO:

→ **PONTOS DE ATENÇÃO NO RELACIONAMENTO ENTRE A ÁREA FINANCEIRA E AS DEMAIS ÁREAS, COMO A JURÍDICA, A DE LOGÍSTICA, A DE OPERAÇÕES E A COMERCIAL.**

→ **A ATENÇÃO QUE A ÁREA FINANCEIRA DEVE DAR ÀS QUESTÕES TRIBUTÁRIAS.**

→ **ASPECTOS DOS CONTRATOS COMERCIAIS QUE ENVOLVEM A ÁREA FINANCEIRA.**

→ **AS SITUAÇÕES DELICADAS ENVOLVENDO CLIENTES NAS TRANSAÇÕES E NOS CONTRATOS COMERCIAIS.**

---

7 Os investidores passam a considerar, na seleção de seus investimentos, não só a lucratividade e o potencial de crescimento, mas valores principalmente relacionados à responsabilidade social, que envolve aspectos ambientais (impactos climáticos, redução de poluição, tratamento de resíduos...), sociais (questões trabalhistas, restrição à venda de determinados produtos, saúde e segurança no trabalho, inclusão de minorias...) e de governança corporativa (estruturação da empresa em seus grupos estatutários de decisão, provendo cada vez mais transparência nas informações, destacando códigos de ética e conduta...).

ESTUDO DE CASO

O andamento de um contrato

Caro leitor, imagine que sejamos sócios em uma empresa de engenharia e tenhamos firmado um grande contrato.

Vamos analisar esse caso hipotético sem tratar da parte contábil, mas focando os aspectos financeiros e destacando a importância da interação entre as áreas.

Os dois meses que antecedem a assinatura do contrato são, talvez, os mais importantes. O cliente "fechou o negócio", e as duas partes passam a trabalhar para cumprir as obrigações preliminares até a data de assinatura.

Usualmente, trata-se da apresentação das licenças ambientais e de operação, além dos demais documentos envolvidos.

Haverá uma intensa discussão sobre a forma do contrato entre o cliente e as áreas comercial e jurídica da nossa empresa.

É imprescindível, nesse momento, analisarmos todos os marcos de cumprimento de cada etapa do contrato, verificando se a área de operações será capaz de executar todas as etapas de acordo com os prazos relacionados.

Deve-se também garantir que a precificação do contrato se mantenha viável, checando se algum insumo sofreu alteração significativa de preço. Além disso, garantir que o sinal pago no momento da assinatura, bem como os demais pagamentos, serão suficientes para honrar a necessidade de capital de giro do contrato.

A área jurídica analisará todos os documentos enviados pelo cliente e enviará todos os documentos da nossa empresa ao cliente. Depois, confirmará se podemos seguir com a assinatura do contrato.

A todo instante, a área de recursos humanos deverá estar atenta, de modo que os documentos trabalhistas estejam em dia e que não haja exposição para a empresa.

Da mesma forma, a área comercial deverá estar sempre por perto, prezando pelo bom relacionamento, garantindo que o cliente esteja satisfeito com o trabalho em execução.

A área financeira deverá, junto da área de operações, acompanhar o avanço físico-financeiro da obra, garantindo que não existam desvios em relação aos valores orçados. Com a área jurídica, deverá monitorar as cláusulas que possam vir a gerar multas.

MESES	-2	-1	0	1	2	3	4	5	6	7	8	9	10	11	12
Comercial	Venda fechada					Visita de relacionamento				Visita de relacionamento				Visita de relacionamento	
Jurídico		Pré-análise contratual / Elaboração do contrato junto ao cliente	Assinatura do contrato				Suporte eventual				Suporte eventual			Coordenação encerramento	
Financeiro	Negociação e precificação		Recebimento financeiro	Recebimento financeiro		Recebimento financeiro	Cálculo de reajuste contratual		Recebimento financeiro		Cálculo de reajuste contratual	Recebimento financeiro		Últimos acertos e recebimento final	
Operações	Suporte à precificação	Preparação para mobilização	Mobilização e início dos trabalhos			Cumprimento do 1º marco contratual			Cumprimento do 2º marco contratual			Cumprimento do 3º marco contratual		Conclusão e entrega	
Recursos Humanos	Suporte à precificação		Cumprimento de obrigações iniciais					Monitoramento do cumprimento de obrigações					Monitoramento do cumprimento de obrigações		
Cliente	Negociação/ elaboração contratual		Pagamento inicial		Pagamento do 1º marco contratual				Pagamento do 1º marco contratual			Pagamento do 1º marco contratual		Quitação do contrato	

Como já mencionamos anteriormente, a fase final do contrato é muito importante. Nela, as duas partes deverão estar com todas as suas obrigações quitadas, e o cliente verificará o cumprimento do objeto contratual pela contratada. Ainda nessa etapa, o local da obra (considerando o exemplo apresentado) deverá ser desmobilizado, ou seja, a contratada deverá sair com todos os seus materiais e equipamentos, e as partes assinarão um termo de encerramento, ou termo de quitação, garantindo que ambas as partes cumpriram suas obrigações.

Caro leitor, mesmo que de forma bem reduzida, esse mapeamento demonstra os principais passos e análises da área financeira em uma negociação comercial.

Para discussão

» *Quais ações você tomaria caso observasse uma execução financeira acima do previsto?*

» *Liste as principais cláusulas de um contrato comercial que podem vir a afetar o desempenho financeiro de um projeto.*

EXERCÍCIOS PROPOSTOS

1. Construa uma matriz demonstrando a relação envolvendo a área financeira e as demais de uma empresa. Inclua nela a descrição de como deve ser dada a interação entre as áreas e, ainda, as consequências financeiras relacionadas ao não alinhamento entre elas.

2. Qual é a importância da análise pela área financeira em um contrato comercial? Aponte os principais pontos que podem expor a companhia.

3. Imagine uma empresa de projetos de grande porte, que acaba de celebrar um contrato que demandará a presença de engenheiros especializados, além de uma equipe técnica grande. Recorra aos conceitos apresentados no capítulo 5, sobre capital de giro, prazos de pagamento e de recebimento. Considere as possíveis condições negociadas nesse contrato e como elas "conversam" com a área financeira:

   - o contrato exige um sinal de 20% do seu valor total antes do início das atividades;
   - o contrato exige pagamentos mediante marcos de atingimento de execução pela empresa contratada;
   - o contrato terá duração de dezoito meses e será recebido em três parcelas, uma a cada seis meses;
   - uma vez atingido determinado marco, o cliente terá trinta dias para verificar e aprovar tal atingimento. Após a sua aprovação, ainda terá mais trinta dias para pagar;
   - suponha que se trate de um cliente extremamente estratégico e a empresa aceite as cláusulas com o recebimento mais espaçado. Quais soluções você recomendaria? Lembre-se também das modalidades de financiamento já estudadas.

CAPÍTULO 9

O profissional de finanças

NESTE CAPÍTULO, ABORDAREMOS:

→ CARACTERÍSTICAS, PERFIL E DESENVOLVIMENTO DO PROFISSIONAL.

→ POSSÍVEIS CARREIRAS DESSE PROFISSIONAL.

→ MENTALIDADE E PREOCUPAÇÃO COM ASPECTOS SOCIAIS E DE SUSTENTABILIDADE.

O PERFIL DE UM FINANCISTA

A aptidão para lidar com cálculos, fazer contas, trabalhar com planilhas é uma característica comum a quem escolhe a área de finanças. O gosto por números faz com que, na maioria dos casos, o interessado opte por cursos como administração, economia, engenharias e ciências contábeis.

Há poucas décadas, as áreas de uma empresa eram chamadas de repartições, os colaboradores se tornavam especialistas naquela função e desempenhavam o mesmo trabalho quase de maneira repetitiva e automática durante a sua carreira.

Hoje, existem muitos sistemas e programas que facilitam, minimizam e encurtam a execução dessas tarefas, anteriormente desempenhadas de forma manual. Assim, passou a existir mais tempo para que o profissional de finanças se dedique a compreender mais profundamente o que está fazendo, analisar o resultado do seu trabalho, propor melhorias, buscar entender o impacto da sua atividade na empresa.

Sem dúvida, encontrará inúmeras dificuldades e levantará muitos questionamentos que não saberá responder. Portanto, é extremamente indicado que ele busque o apoio do seu gestor imediato ou de outras pessoas mais experientes dentro da empresa. Essa "inquietude" e o hábito de estar constantemente questionando o farão ter uma curva de aprendizado mais rápida.

Destacamos, a seguir, as características positivas que devem marcar um profissional de finanças.

Ética

Pelo fato de lidar com dinheiro e ter acesso a informações confidenciais da empresa, o profissional precisa se pautar por uma conduta essencialmente ética. Basta um pequeno episódio em que se falte com a ética para colocar abaixo toda a sua "estrada previamente construída".[1]

Postura profissional

Qualquer que seja a sua posição na hierarquia na empresa, o profissional precisa se lembrar de que está ali desempenhando um trabalho. Por mais que existam inúmeros momentos de descontração e dispersão durante o dia, isso não significa que a postura dentro desse ambiente possa se confundir com a que temos em um espaço externo, de lazer.

Discriminação e assédio em quaisquer formas, além de brincadeiras e comentários antigamente tolerados e hoje não mais, representam a certeza de que o profissional está no caminho equivocado, correndo risco de ser demitido – inclusive por justa causa.

Honestidade

Existe uma expressão comumente utilizada que afirma que "não basta ser honesto, tem de parecer honesto". No caso de um profissional de finanças, é algo fundamental para exercer suas atividades e construir uma trajetória bem-sucedida.

Sigilo

Como mencionado, conforme o profissional de finanças avança na área, passa a ter mais acesso a dados confidenciais, que não podem ser compartilhados internamente, na empresa, nem (e princi-

---

[1] Mais adiante, neste capítulo, exploraremos o conceito da ética não no aspecto individual do colaborador, mas em suas relações interpessoais e em sua atuação no ambiente corporativo.

palmente) fora dela. Além disso, em geral ele recebe permissão para funcionalidades importantes do sistema que contêm informações também restritas. Por esses motivos, manter o sigilo passa a ser uma condição importante.

Equilíbrio

Se em diversos momentos da vida precisamos ter equilíbrio, na área financeira essa postura talvez tenha de ser redobrada. Lidar bem com situações de estresse e com as cobranças para executar as atividades dentro do prazo, sem afetar a qualidade, passa a ser um grande diferencial.

Simplicidade

É muito importante ter a consciência de que não existe uma pessoa com sabedoria suprema, que entenda sobre todos os assuntos. O profissional deve estar aberto para ouvir o seu líder, e o líder deve saber ouvir a sua equipe. Reconhecer os erros e aprender com eles, embora seja algo que ouvimos diversas vezes em várias situações, na área financeira é uma postura imprescindível.

Traçar as lições aprendidas, as quais resumem os erros ocorridos, suas motivações e as correções que se fizeram necessárias, faz a empresa ajustar o problema na origem, para que ele não se repita.

Bom relacionamento

O bom relacionamento também é uma característica importante ao profissional de finanças. Como vimos nos capítulos anteriores, a área financeira tem contato com todas as demais áreas da empresa.

Cabe ao profissional de finanças em cargo de gestão ser acessível e conversar com as pessoas, para que as informações possam chegar a ele. Se ele não preservar um bom relacionamento com as áreas, terá dificuldades para obter informações relevantes ao seu trabalho. Consequentemente, a qualidade das suas entregas será impactada por essa postura equivocada.

Ao se tornar um líder, o profissional não pode ser um gestor temido, conhecido por ser bravo ou estressado. Um perfil assim gera, de imediato, medo ou receio nas pessoas em acessá-lo. Isso não é um bom sinal, porque o gestor pode vir a ser o último a saber de uma fraude, simplesmente pelo "obstáculo invisível" que construiu ao seu redor.

Persistência e curiosidade

Para um estudante ou um profissional que queira trabalhar e se desenvolver em finanças, uma das principais características que deve ter é estar sempre se atualizando.

Busque cotidianamente ler notícias relacionadas a finanças. É muito importante – e interessante – acompanhar, no dia a dia, a aplicação dos conceitos estudados. Pense: estabelecendo uma rotina de pelo menos uma leitura diária, ao fim de um ano quantos artigos você terá lido? Quanto de "bagagem" terá acumulado?

Organização

Por fim, entre muitas outras importantes características, um financista deve ser extremamente organizado e concentrado. Qualquer erro pode colocar em risco inclusive uma decisão. Uma inversão de um sinal em uma planilha pode significar uma interpretação oposta da análise que está fazendo.

AS POSSIBILIDADES DE CARREIRA

Seja por meio de cursos técnicos, seja por curso superior (graduação tecnológica e bacharelado), temos alguns caminhos para a pessoa se tornar um profissional de finanças. Considerando que a formação seja já direcionada para a área, existem diversas possibilidades de inserção no mercado de trabalho, que não se esgotam nas que serão apresentadas a seguir. Aqui vamos apresentar algumas linhas gerais.

Profissional ou acadêmica

Ao chegar próximo do término de seu curso, o estudante poderá optar por seguir pela carreira profissional, indo direto à prática, inserindo-se no mercado de trabalho.

Poderá, também, escolher uma carreira acadêmica, na qual prevalecerão as pesquisas, a produção de artigos científicos, a docência, a realização de mestrado e até mesmo um doutorado.

Pública ou privada

Entre as diversas possibilidades de locais de trabalho, temos o serviço público, para o qual a pessoa presta concurso de ingresso a postos de trabalho em diferentes órgãos, empresas ou autarquias.

Como exemplo, podemos citar os concursos para Petrobras, companhias elétricas e de utilidades, Banco do Brasil, Caixa Econômica Federal, bancos regionais, Banco Central, Finep, Embrapa, BNDES, CVM, Receita Federal, tribunais de contas, Controladoria Geral da União, Ibama, IBGE, ministérios, Susep e Tesouro Nacional, entre muitos outros.

Para os profissionais da área acadêmica, podemos destacar as universidades públicas ou as particulares, também como opção consistente de carreira.

Na trilha da iniciativa privada, o leque também é bastante abrangente. Podemos considerar o desempenho de atividades em institutos, consultoras, bancos comerciais, bancos de investimentos, empresas de pequeno, médio ou grande portes, cooperativas, associações, ONGs e *start-ups*, entre outros caminhos.

ÉTICA

O conceito de ética vem da palavra *ethos*, do idioma grego, que significa o modo de ser, o caráter, os valores morais. Adicionalmente, do latim, surge a palavra *mos* (no plural, *mores*), que significa costume, conduta.

Essas duas palavras tratam diretamente do comportamento humano. Não se referem à genética, a algo que nasce com a pessoa. Elas partem do conceito das relações coletivas e de algo que é desenvolvido e construído na vida em sociedade.

Quando o indivíduo inicia as relações com o mundo, ele passa a ter contato com diversos questionamentos e impasses morais e éticos. Da mesma forma que a vida e o nosso cotidiano possam nos oferecer "caminhos mais curtos", certos atalhos, nem sempre o mais correto é segui-los.

Moral e postura ética não devem ser confundidas com lei. Entretanto, se não agir levando em consideração esses conceitos e não os seguir, poderá romper o limite e, certamente, passará a agir fora da lei.

A ideia aqui não é criar qualquer julgamento de valor, de postura, mas simplesmente sinalizar sobre o que é ética, o que é moral e explorá-las no âmbito das relações profissionais.

Na empresa

Quando um colaborador ingressa em uma empresa, é apresentado ao seu Código de Ética e Conduta e aos canais de denúncia, entre outros protocolos.

Entretanto, os executivos devem dar o exemplo, gerar esse ambiente no qual a ética permeie todos os níveis hierárquicos e todas as funções, além de cobrar a adequação aos valores e procedimentos da companhia e seu cumprimento.

Os gestores das empresas devem saber que essa é uma via de mão dupla. Ou seja, não é um processo unilateral. Estamos falando de relação interpessoal, portanto as regras valem para todos.

Quanto mais o ambiente for impregnado pela cultura ética, mais harmoniosas e cooperativas serão as relações, assim como os conflitos internos serão minimizados, proporcionando um ambiente de trabalho mais saudável.

Ainda no contexto do ambiente empresarial, é muito importante que se reconheçam as diferenças e ambições dos colaboradores. Um gestor deve montar uma equipe multidisciplinar. Isso significa que não se faz necessário existirem apenas colaboradores com ambições de crescer profissionalmente e se tornarem gestores.

É possível e salutar que a empresa tenha profissionais que queiram executar suas atividades da melhor forma possível sem a ambição de ocupar altos cargos. Uma pessoa com esse perfil não deve ser vista como malsucedida perante a sociedade. O sucesso profissional vai além do conceito de promoção e de cargos altos. Se o colaborador trabalhou e contribuiu durante anos, de forma rotineira, sempre de maneira correta e responsável, organizou a sua vida, formou todas as suas relações de forma digna, por que não seria uma pessoa de sucesso? Não necessariamente o sucesso profissional está associado à ascensão na hierarquia.

Muitas empresas refletem a ideia de que uma pessoa bem-sucedida é a que mais sobe profissionalmente. Isso é uma falácia.

Como forma de reflexão, pense em uma empresa com dois mil colaboradores. Sua estrutura hierárquica conta com 1 presidente, 6 diretores, 18 gerentes. Temos 1.975 fracassados? Todas essas pessoas não obtiveram sucesso?

Impacto da ética e compromisso social nas finanças

Como vimos, a ética é um conjunto de valores morais e regras de um grupo, de um indivíduo ou de uma sociedade. Seus preceitos são definidos com base nas convenções e experiências de cada grupo que, por vivenciar experiências diferentes umas das outras, forma também diferentes regras e valores.

Além da ética, outro conceito afeta de forma expressiva a atuação de um profissional da área de finanças: o compromisso social. Este é diretamente vinculado às colaborações e ao reconhecimento da possibilidade de contribuir para a sociedade como um todo, ou seja, de realizar ações (voluntárias ou não) com impacto coletivo, promovendo o bem-estar comum.

Podemos observar, em diversas empresas, projetos sociais relevantes, demonstrando uma postura de corresponsabilização com o que está à sua volta e corroborando um dos papéis das organizações na sociedade, principalmente frente aos seus colaboradores e ao ambiente que as cerca (como abordamos nos capítulos iniciais).

Diversas organizações buscam ir além do que é exigido e demonstrar suas preocupações e seus valores de outras formas, reconhecendo a sua responsabilidade frente à sociedade.

EXEMPLO PRÁTICO

No cenário internacional, podemos destacar o chamado Livro Verde, elaborado pela Comissão das Comunidades Europeias e que tem o objetivo de "sensibilizar e fomentar o debate sobre novas formas de promover responsabilidade social das empresas" (2001, p. 26).

As ações no âmbito do compromisso social interligadas à área financeira se refletem no oferecimento de boas condições de trabalho. Além disso, melhoram a produtividade e a criatividade, trazendo mais retornos financeiros para a empresa. Esse compromisso também evita que a empresa sofra ações judiciais futuras capazes de levar a escândalos em rede internacional.

Outros exemplos abordam tópicos como:

- a atuação no combate à fome;
- atuação no combate a todas as formas de discriminação dentro das organizações;
- apoio a ONGs e projetos sociais;
- investimento em segurança do trabalhador;
- redução do impacto ambiental.

Destacados esses impactos positivos, vale também abordar aqui os aspectos negativos da ausência de ética e de compromisso social.

É comum observarmos notícias de desvios graves na cadeia de produção das empresas. Exemplos são a falta de responsabilidade com aspectos ambientais; a omissão quanto a pareceres ou ressalvas que pedem correção ou mesmo reparo em processos ou estruturas de trabalho; a ausência de indenização em decorrência de danos causados; a exploração de trabalho infantil ou escravo. Condutas como essas no modelo de negócio estão perdendo espaço e tendem a ser cada vez mais penalizadas pelo mercado.

Empresas que estabelecem padrões éticos, ou seja, trabalham de forma transparente, estão dentro da legalidade e estabelecem relações justas com seus colaboradores. Além disso, conseguem crescer mais facilmente como resultado da melhor produtividade interna, bem como do reconhecimento da sociedade e dos *stakeholders*. Diante disso, ressaltamos que a ética e o compromisso social são fatores competitivos dentro do mercado e que é necessário construir uma postura da empresa, não bastando apenas oferecer serviços e produtos de excelência.

INCLUSÃO

Um estudo publicado pela consultora McKinsey & Company capturou que, embora um maior grau de diversidade em uma empresa não tenha correlação direta com seus lucros, elas são mais bem-sucedidas.

> Acreditamos que empresas mais diversificadas são capazes de conquistar profissionais de maior talento, aumentar sua orientação para o cliente e a satisfação dos funcionários, e melhorar a tomada de decisões, levando a um círculo virtuoso de retornos crescentes. Isso, por sua vez, sugere que outros tipos de diversidade – por exemplo, de idade, orientação sexual e experiência (tais como uma mentalidade global e fluência cultural) – também podem propiciar certa vantagem competitiva para as empresas que conseguirem atrair e reter talentos tão diversificados. (HUNT; LAYTON; PRINCE, 2015)

Um outro estudo (POWERS, 2018) demonstra que há uma oportunidade de incremento significativo na receita das empresas que investem em diversidade, pois a multiplicidade de perfis interagindo é capaz de entregar resultados mais completos.

Destacaremos abaixo (obviamente, sem as esgotar) algumas informações extremamente relevantes sobre inclusão.

Pessoas com deficiência (PCD)

Segundo o Instituto Brasileiro de Geografia e Estatística (IBGE, 2010), existem no Brasil 45 milhões de pessoas com algum tipo de deficiência. Desse grupo, 27 milhões estão em idade para atuar formalmente no mercado de trabalho.

De acordo com a Relação Anual de Informações Sociais (RAIS), do Ministério da Economia, em 2018 apenas 486 mil pessoas com deficiência estavam formalmente empregadas. Ou seja, se analisarmos o grupo em idade ativa para o mercado de trabalho (27 milhões), estamos falando que um percentual inferior a 2% da população com algum tipo de deficiência se encontrava empregada formalmente.

Existem estudos robustos[2] que demonstram que empresas com cultura de inclusão veem um aumento significativo em sua produtividade, pois tendem a reter a PCD e esta apresenta menor absenteísmo, maior qualidade de entrega e menor rotatividade nas funções.

Ainda existe a falácia de que é caro adaptar uma empresa para que se torne inclusiva. Essas empresas acabam rotineiramente pagando as multas por descumprimento de legislação.

Uma vez que a empresa esteja com as suas políticas revisitadas, suas instalações adaptadas, a informação corporativa padronizada, não há motivos para que uma pessoa com deficiência não se engaje e não passe a fazer parte da cultura da companhia. A inclusão transcorre normalmente e de forma amena.

Raça

Estudo realizado pelo Banco Interamericano de Desenvolvimento (BID) e pelo Instituto Ethos (2016) apontou que, entre as 500 maiores empresas do país, somente 13,6% do quadro de executivos era composto por mulheres, e 4,7%, por negros. Entre as empresas que fizeram parte da pesquisa, 43% delas buscavam promover a inclusão de PCDs, 28% buscavam a inclusão de mulheres e 8% buscavam a inclusão de negros.

---

2 Disponível em: https://go.i4cp.com/inclusivetalent. Acesso em: 10 maio 2021.

Essa pesquisa reflete bem a inclusão racial no mercado de trabalho brasileiro, que apresenta uma lacuna muito expressiva se compararmos as oportunidades para negros e brancos.

Um outro estudo, feito com base nos dados da PNAD Contínua 2019 (AGÊNCIA IBGE, 2020), demonstra claramente as diferenças sociais entre as raças. Para pretos e pardos, os dados são sempre desfavoráveis, como mostra o quadro abaixo.

Quadro 1. Diferenças sociais entre as raças, apontadas pelo IBGE.

DADOS PNAD 2019	NEGROS E PARDOS	BRANCOS
Taxa de desocupação	13,6%	9,3%
Ocupações informais	47,4%	34,5%
Renda mensal da população ocupada	R$ 1.663	R$ 2.884

Gênero

A diferença entre a quantidade de mulheres e homens no mercado de trabalho é extremamente significativa e desfavorável às mulheres. Também é grande a discrepância salarial quando comparamos homens e mulheres ocupando um mesmo cargo.

Sobre esse assunto, temos os dados apresentados do quadro 2, também oriundos da PNAD do IBGE.

Quadro 2. Participação de homens e mulheres no mercado de trabalho, apontada pelo IBGE.

DADOS PNAD 2019	HOMENS	MULHERES
Força de trabalho:	73,7%	54,5%
Nível de ocupação com a presença de filhos(as) de até 3 anos	89,2%	54,6%
Nível de ocupação sem a presença de filhos(as) de até 3 anos	83,4%	67,2%

FORÇA DE TRABALHO

Composta pela soma do total da população (masculina ou feminina) empregada ou em busca de emprego sobre o total da população (masculina ou feminina).

Muita estrada à frente

Existe um contexto histórico a ser entendido e estudado que pesa ainda sobre essas discrepâncias. Entretanto, muitas empresas estão mudando a sua postura e atuando com extremo foco voltado para a inclusão, e os benefícios são comprovados em diversas frentes (bem-estar, financeiro, social...).

Devemos, ainda, abordar a diversidade sob a ótica da inclusão de LGBTQIA+. Apesar de não haver estatística disponível, trata-se de uma parcela significativa da população e que requer atenção por causa de discriminação e preconceito.

A estrada já começou a ser construída, entretanto ainda faltam muitos e muitos quilômetros para chegarmos ao destino.

RESPONSABILIDADE SOCIAL E AMBIENTAL

Utilização de recursos naturais, controle da emissão de gases de efeito estufa, eficiência energética, redução dos indicadores de poluição, gestão de resíduos e efluentes, investimento na saúde e no bem-estar do trabalhador, integração com a comunidade, apoio a causas sociais.

Esses são alguns exemplos de ações a serem executadas pelas empresas, proporcionalmente ao seu porte, que buscam estar alinhadas aos conceitos de responsabilidade social e ambiental.

No início do livro, citamos a importância de constituir uma empresa e sua função na sociedade. As empresas devem ir além do cumprimento das exigências legais. Elas passaram a agir de forma comprometida e engajada, deixando ações usualmente cumpridas de forma protocolar para se tornarem ações mais do que justas e necessárias.

Não faltam razões para que as pautas sociais e ambientais se tornem pilares e passem a ser vistas como agentes de mudanças, e não mais como algo idealista e abstrato. Uma atuação social e ambientalmente responsável, além de gerar externalidades positivas, traz ganhos materiais. Veja os exemplos abaixo.

- A utilização de fontes de energia limpa gera economia financeira, uma vez que se reduzem drasticamente o consumo da energia tradicional e, consequentemente, os valores pagos.
- Ao desenvolver a comunidade local ou periférica, a empresa passa a contar com aquelas pessoas para serem seus fornecedores ou colaboradores, não precisando deslocar pessoas de locais mais distantes.
- Por demonstrar maior credibilidade social, a empresa passa a atrair talentos, principalmente das gerações mais novas, culturalmente mais engajadas nessas temáticas.
- A satisfação e produção da equipe são reflexos dessa política.
- Ao incorporar as inúmeras possibilidades de compromisso social e ambiental, a empresa pode vir a sofrer menos intervenções regulatórias e legais, alcançando maior liberdade estratégica.

Os investimentos sustentáveis já são uma realidade. Bolsas de valores em todo o mundo trabalham com os índices de sustentabilidade, que, como explicado anteriormente, são compostos apenas por empresas comprovadamente atuantes, que cumpram diversos pré-requisitos e promovam ações claras e esforços sob essas perspectivas.[3]

Os consumidores também têm sido agentes de mudança, pois passam a ter um papel ativo na seleção dos itens consumidos, já

---

[3] Esse assunto é mais bem explorado no artigo disponível em: https://www.morganstanley.com/press-releases/morgan-stanley-sustainable-signals-asset-owners-see-sustainabil. O texto está em inglês.

refletindo essa nova perspectiva, inclusive retaliando ao não comprar de empresas ou indústrias que não estejam agindo em conformidade.

A cadeia de fornecedores já busca fontes alternativas de matéria--prima, pois sabem que não se sustentarão no longo prazo se não se atualizarem e renovarem seus posicionamentos.

As novas práticas e as possibilidades são inúmeras e, talvez, inesgotáveis. As ações de impacto ainda são incipientes em nosso país, mas já começaram a ganhar espaço. A perspectiva é de que a incorporação dessas novas práticas se torne cada vez mais forte e comum, e o crescimento do país estará diretamente relacionado à expansão e à solidificação de ações e conceitos socioambientais.

DIFERENCIAÇÃO DE UM PROFISSIONAL DE FINANÇAS – O QUE BUSCAR PARA ENTENDER A EMPRESA COMO UM TODO

É sempre importante o profissional buscar entender um pouco além da sua função. Ter o comprometimento significa ter o sentimento de dono, saber que, se a empresa perder qualquer valor, mesmo que para ela possa parecer ser irrisório, ele tem um significado.

Suponhamos que ocorra uma perda de R$ 15 mil por juros e mora por questões de processos de pagamento.

Pode até não parecer muito dinheiro, mas esses recursos significam um treinamento muito robusto para uma equipe que poderia ter sido feito.

Outro ponto relevante na carreira de um financista se refere a investir sempre em qualificação profissional.

Como exemplo, posso citar uma experiência de quando era muito jovem e comecei a trabalhar em uma área nova. Mantinha comigo um bloco em que tomava nota de todas as palavras que eu não conhecia e ouvia durante o expediente. Ao final do dia, eu fazia uma pesquisa na internet, buscando entender do que se tratava, e constantemente imprimia um artigo ou reportagem sobre assunto para ler no transporte ao retornar para casa.

Levando em conta a restrição orçamentária que, por muitas vezes, não nos permite fazer cursos a todo instante, atualmente a internet tem infinitas fontes fidedignas para estudo.

As competências que um profissional desenvolve ao longo da carreira são proporcionais à sua dedicação. Mesmo quando desempenha uma atividade processual e repetitiva, se buscar entender os riscos, os impactos daquela função, certamente desenvolverá um olhar crítico sobre ela e poderá contribuir com sugestões, críticas e percepções.

Outro aspecto bastante relevante é o de que um jovem profissional saiba gerenciar as suas expectativas. É muito comum, nas empresas, participarmos da preparação de apresentações, revisarmos essas apresentações com o nosso gestor e nos engajarmos muito com o assunto. Entretanto, esse jovem que prepara a apresentação certamente não participa do fórum em que ela ocorre. Nessas ocasiões, é muito comum que surja uma frustração. Se o jovem for capaz de perceber a importância do trabalho que desenvolveu e em que pauta ele será utilizado, isso já o ajudará a ir amadurecendo sobre como fazer as próximas.

ASG

Como dito antes, ASG é a sigla em português da sigla ESG (referente a *Environmental, Social, and Governance*). São as iniciais das palavras que representam fatores diretamente ligados a investimentos em estratégias sustentáveis e de impacto ambiental e social.

Muitos acabam por acreditar que se trata de modismo ou de que sai caro implantar uma área de ASG em sua empresa. Mas essa falácia vem, cada vez mais, perdendo força não apenas pela popularização das práticas ASG nas empresas mas também pela visualização dos resultados obtidos por meio da adoção de suas práticas.

Vamos abordar a seguir alguns exemplos de ações ASG e observar a maneira pela qual elas impactam a empresa, além do ambiente à sua volta.[4]

A (Ambiental)

Podemos destacar a substituição da fonte de energia. Ao substituir a energia elétrica pela energia solar, observamos pelo menos dois aspectos positivos:

- maior desempenho financeiro, pois a produção se mantém constante a um custo muito mais baixo;
- uso de uma fonte limpa de energia.

S (Social)

Analisamos as práticas das empresas em relação às políticas e relações de trabalho, que impactam e exercem influência direta e indireta sobre elas. Como exemplo, uma equipe composta com o conceito de diversidade obtém ganhos a partir da interação dos colaboradores, trazendo fatores positivos, como o aumento da criatividade da equipe, a diminuição de conflitos e o alcance de melhores resultados, entre outros.

O respeito às leis trabalhistas é outro fator social importante, que atua na melhoria da produtividade do quadro de funcionários, evitando potenciais problemas jurídicos e interferindo diretamente na qualidade de vida desses colaboradores.

---

4 As informações disponíveis sobre investimentos sustentáveis no Brasil estão em uma escala crescente, além da adesão do mercado ao tema. É importante reconhecermos os ganhos de cada uma das frentes apresentadas e seus respectivos impactos na perspectiva econômica. Fizemos aqui apenas uma pequena apresentação da temática. Você pode buscar se informar mais a partir das fontes sugeridas nas Referências (ver página 191).

G (Governança)

Podemos destacar dois aspectos importantes nesse tema:

- a transparência da empresa na comunicação e na divulgação das suas informações aos *stakeholders*, garantindo que essas informações estejam disponíveis e equalizadas a todos;
- o direcionamento de suas ações seguindo princípios éticos definidos no planejamento estratégico da empresa, sem tolerar qualquer desvio.

RESUMO DE PONTOS FUNDAMENTAIS DESTE CAPÍTULO:

→ CAMINHOS POSSÍVEIS NA CARREIRA EM FINANÇAS.

→ CARACTERÍSTICAS QUE FORMAM UM BOM FINANCISTA, COMO SIGILO, HONESTIDADE, EQUILÍBRIO, SIMPLICIDADE, PERSISTÊNCIA, CURIOSIDADE E, PRINCIPALMENTE, ÉTICA.

→ AS FACETAS DA ÉTICA.

→ O COMPROMISSO SOCIAL EM FINANÇAS.

→ A IMPORTÂNCIA DA DIVERSIDADE NAS EMPRESAS.

ESTUDO DE CASO

Boas práticas socioeconômicas

Existem setores da economia que, pela natureza da sua atividade, são mais cobrados por uma postura mais rigorosa sob a perspectiva do impacto ambiental. Um deles é o setor de papel e celulose, que tem como insumo principal a celulose, componente extraído das árvores. Portanto, para produzir o papel, precisa desmatar.

Hoje, a estrutura de operação e governança de sustentabilidade desse setor é muito forte, com elevado grau de transparência e diálogo e, principalmente, de ações direcionadas ao meio ambiente.

A cadeia produtiva vem se adaptando e aderindo às novas utilidades do papel, que é cada vez mais utilizado em sua forma reciclada e como substituto do plástico na produção de canudos, copos descartáveis, potes de sorvetes e embalagens para entrega de alimentos, entre outros itens.

Atualmente, a matéria-prima utilizada no setor é 100% oriunda dos chamados "plantios comerciais" (plantados e colhidos para esse fim), além de diversos projetos de plantio e preservação de florestas e matas nativas.

Outras ações, como gestão de resíduos, tratamento de água, tratamento de efluentes e matriz energética limpa em suas fábricas, estão presentes também no setor.

Segundo um estudo publicado pelo BNDES:

> a maior promessa para o futuro reside na aplicação do conceito de biorrefinarias integradas às plantas de produção de celulose. Isso porque as unidades industriais de extração das fibras são plantas químicas por definição, o que significa que a introdução de novos processos para converter a biomassa não traria grandes alterações em suas rotinas operacionais. (HORA, 2017, p. 88)

Para discussão

» *Quais outros setores você destacaria sobre a necessidade de serem feitas readequações?*

» *Pesquise sobre empresas que você considera já estarem mais maduras sob a ótica socioambiental.*

EXERCÍCIOS PROPOSTOS

1. Das características de um financista (ou profissional de finanças) apresentadas neste capítulo, quais você considera mais relevantes? E quais outras você destacaria?

2. Faça uma pesquisa sobre o caminho percorrido de diferentes profissionais das áreas de finanças, sejam eles próximos a você ou mesmo pessoas públicas.

3. Sobre as possibilidades de carreira em finanças, qual delas mais lhe atrai? Levante empresas e setores em que você identifique a presença desse perfil de carreira.

4. A partir da sua rede de relacionamento, identifique a importância dos aspectos sobre inclusão estudados neste capítulo.

5. Reflita sobre as características destacadas como importantes para um profissional de finanças.

6. Analise o quadro abaixo, retirado do "Guia ASG 2020 da Anbima". A partir dele, busque exemplos de aplicabilidade de cada um de seus itens.

AMBIENTAL	Uso de recursos naturais	Emissão de carbono	Eficiência energética	Poluição	Tecnologia limpa
SOCIAL	Políticas e relações de trabalho	Política de inclusão e diversidade	Treinamento da força de trabalho	Direitos humanos	Privacidade e segurança de dados
GOVERNANÇA	Independência do Conselho de Administração	Diversidade na composição do Conselho de Administração	Remuneração do Conselho de Administração	Ética	Transparência

APÊNDICE

Evolução das finanças nas estruturas empresariais

NESTE CAPÍTULO, ABORDAREMOS:

→ O CONCEITO DE FINANÇAS.

→ A ABRANGÊNCIA DAS FINANÇAS.

→ AS SUBÁREAS DA DIRETORIA FINANCEIRA.

Nunca tivemos uma época da história em que as informações e tecnologias se propagassem com tanta velocidade e tanta inovação.

A figura abaixo que demonstra o que ocorre em 1 minuto na internet no mundo.

Figura 1. A internet em 1 minuto.

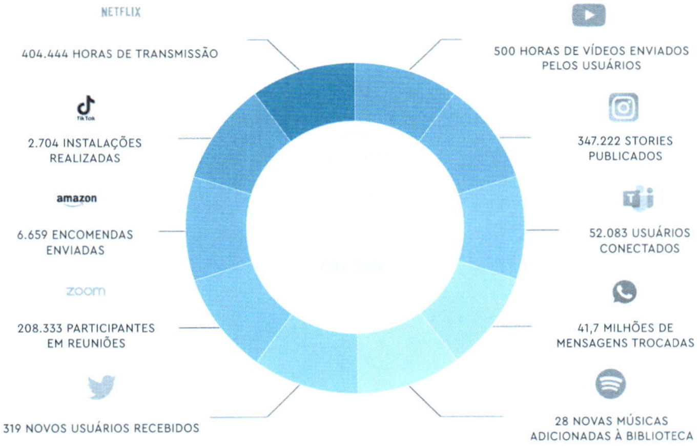

Fonte: Jenic (2020).

Essa velocidade tem reflexo direto nas soluções e nos produtos financeiros. Entre eles, destacamos os apresentados a seguir.

- **Financiamento coletivo (*crowdfunding*):** modalidade de captação coletiva de recursos por meio de múltiplas fontes, normalmente de pessoas que se identificam com o projeto. Existem diversas plataformas destinadas a esse objetivo.

- **PIX:** sistema integrado de pagamento do Banco Central que permite transferências de valores a qualquer hora do dia e da noite, com liquidação em poucos segundos.

- **Fintechs:** referem-se à união dos termos financeiro e tecnologia que são utilizados para classificar empresas *start-ups* ou de tecnologia que ofereçam soluções (produtos ou serviços) para o setor financeiro.

- **Bitcoins ou criptomoedas:** é uma forma de dinheiro eletrônico ou virtual. A partir de um mercado não regulado por nenhum governo, empresa ou banco, surgiu essa nova classe de ativos. O bitcoin vem sendo operado em plataformas específicas, significando a digitalização do dinheiro e transacionado entre duas pessoas sem precisar de qualquer intermediário.

Existem ainda inúmeros produtos e soluções em fase de criação, de implantação ou de teste que, muito em breve e de forma muito rápida, trarão significativas mudanças às finanças.

REFERÊNCIAS

AGUINAGA, Armando. "Meu negócio acabou me ensinando muito sobre mim, sobre quem realmente sou e do que sou capaz". **Draft**, 5 jan. 2016. Disponível em: https://www.projetodraft.com/meu-negocio-acabou-me-ensinando-muito-sobre-mim-sobre-quem-realmente-sou-e-do-que-sou-capaz/. Acesso em: 20 maio 2021.

ALIBER, Robert Z.; KINDLEBERGER, Charles P. **Manias, panics and crashes**: a history of financial crises. London: Palgrave Macmillan, 2005.

ANTONIK, Luis Roberto. **Empreendedorismo**: gestão financeira para micro e pequenas empresas. Rio de Janeiro: Alta Books, 2016.

ASSAF NETO, Alexandre. **Matemática financeira e suas aplicações**. São Paulo: Atlas, 2000.

BREALEY, Richard A.; MYERS, Stewart C. **Princípios de finanças empresariais**. Lisboa: McGraw-Hill, 1990.

BREALEY, Richard A.; MYERS, Stewart C. **Principles of corporate finance**. New York: McGraw-Hill, 2003.

CABRAL, Magali. Finanças: quando surgiram e como podem e aliar à sustentabilidade. **Página22**, 30 nov. 2015. Disponível em: http://www.p22on.com.br/2015/11/30/financas-quando-surgiram-e-como-podem-se-aliar-a-sustentabilidade/. Acesso em: 20 maio 2021.

CAMARGO, Renata Freitas. Taxa Interna de Retorno: como a TIR é aplicada na análise de viabilidade de investimento em um projeto? **Treasy**, 16 fev. 2017. Disponível em: https://www.treasy.com.br/blog/taxa-interna-de-retorno-tir/. Acesso em: 20 maio 2021.

CAMBRIDGE DICTIONARY. **Finance**. Disponível em: https://dictionary.cambridge.org/dictionary/english/finance. Acesso em: 20 maio 2021.

CARVALHO, André Luiz Rodrigues. **História do pensamento financeiro**. 2013. Trabalho Acadêmico – Universidade Estadual do Centro-Oeste (Unicentro), Laranjeiras do Sul, 2013. Disponível em: https://www.docsity.com/pt/historia-do-pensamento-financeiro/4839482/. Acesso em: 20 maio 2021.

DALLA COSTA, Armando. História e historiografia empresarial: acesso e utilização de arquivos e fontes. *In*: DALLA COSTA, Armando; GRAF, Márcia Elisa de Campos (org.). **Estratégias de desenvolvimento urbano e regional**. Curitiba: Juruá, p. 121–141, 2004. Disponível em: http://www.empresas.ufpr.br/historia.pdf. Acesso em: 20 maio 2021.

DEVEDORES. **Origem da Palavra**, 2 nov. 2015. Disponível em: https://origemdapalavra.com.br/palavras/financas/#:~:text=Ela%20vem%20do%20Latim%20debita,menos%20essa%20%C3%A9%20a%20teoria. Acesso em: 20 maio 2021.

FEDERAÇÃO BRASILEIRA DE BANCOS (FEBRABRAN). **Implementação da PRSA de acordo com Resolução 4.327 e o Normativo SARB 14**, novembro de 2014. (Série Café com Sustentabilidade). Disponível em: http://mediadrawer.gvces.com.br/publicacoes/original/caderno40_web.pdf. Acesso em: 20 maio 2021.

FERGUSON, Niall. **A ascensão do dinheiro**. São Paulo: Planeta do Brasil, 2009.

FERREIRA, Aurélio Buarque de Holanda. **Dicionário da língua portuguesa**. Rio de Janeiro: Nova Fronteira, 1999.

GUNTHER, MAX. **Os axiomas de Zurique**: os conselhos dos banqueiros suíços para orientar seus investimentos. 9. ed. Rio de Janeiro: Record, 2003.

HAYES, Adam. Finance. **Investopedia**, 30 mar. 2021. Disponível em: https://www.investopedia.com/terms/f/finance.asp. Acesso em: 20 maio 2021.

HAZZAN, Samuel; POMPEO, José Nicolau. **Matemática financeira**. São Paulo: Saraiva, 2001.

HORA, André Barros da. **Papel e celulose**. Panoramas setoriais 2030. Rio de Janeiro: BNDES, 2017. Disponível em: https://web.bndes.gov.br/bib/jspui/bitstream/1408/14241/2/Panoramas%20Setoriais%202030%20-%20Papel%20e%20celulose_P.pdf. Acesso em: 20 maio 2021.

HUNT, Vivian; LAYTON, Dennis; PRINCE, Sara. A importância da diversidade. **McKinsey & Company**, 1 jan. 2015. Disponível em: https://www.mckinsey.com/business-functions/organization/our-insights/why-diversity-matters/pt-br. Acesso em: 20 maio 2021.

JENIK, Claire. A minute on the internet in 2020. **Statista**, 21 set. 2020. Disponível em: https://www.statista.com/chart/17518/data-created-in-an-internet-minute/. Acesso em: 20 maio 2021.

KURT, Daniel. What is finance? Understanding money management and how needed funds are acquired. **Investopedia**, 1 abr. 2021. Disponível em: https://www.investopedia.com/ask/answers/what-is-finance/. Acesso em: 20 maio 2021.

Lançamento do Perfil Social Racial e de Gênero das 500 Maiores Empresas do Brasil pelo BID e Instituto Ethos acontece no dia 11 de maio em São Paulo. **BID**, 6 maio 2016. Disponível em: https://www.iadb.org/pt/noticias/comunicados-de-imprensa/2016–05–06/perfil-racial-e-genero-500-maiores-empresas-brasileiras,11463.html. Acesso em: 20 maio 2021.

LUCIO JR., Nori. Orçamento é matemática, não entusiasmo. **Portal do Marketing**, 8 out. 2007. Disponível em: http://www.portaldomarketing.com.br/Artigos/Orcamento_e_matematica_nao_entusiasmo.htm. Acesso em: 20 maio 2020.

MARQUES, Wagner Luiz. **Administração de contas a pagar, receber e tesouraria**. Santa Cruz do Rio Pardo: Viena, 2017.

MATHIAS, Washington Franco; GOMES, José Maria. **Matemática financeira**. São Paulo: Atlas, 2004.

MENEZES, Emílio Araújo. Breve história do pensamento teórico em finanças. **FAE Business**, n. 4, dez. 2002. Disponível em: https://img.fae.edu/galeria/getImage/1/16578659485854246.pdf. Acesso em: 20 maio 2021.

MORGAN STANLEY. **Morgan Stanley Sustainable Signals**: asset owners see sustainability as core to future of investing, 27 mar. 2020. Disponível em: https://www.morganstanley.com/press-releases/morgan-stanley-sustainable-signals–asset-owners-see-sustainabil. Acesso: 20 maio 2021

NEILAN, Jonathan; REILLY, Peter; Fitzpatrick, Glenn. Time to rethink the S in ESG. **Harvard Law School Forum on Corporate Governance**, 28 jun. 2020. Disponível em: https://corpgov.law.harvard.edu/2020/06/28/time-to-rethink-the-s-in-esg/. Acesso em: 20 maio 2021.

Oxford Learner's Dictionary. **Finance**. Disponível em: https://url.gratis/mIVTGe. Acesso em: 20 maio 2021.

PEREIRA, Alonso Luiz. A moderna teoria financeira: origem, evolução e importância na atualidade. **Negócios em Projeção**, v. 8, n. 1, 2017. Disponível em: http://revista.faculdadeprojecao.edu.br/index.php/Projecao1/article/view/799. Acesso em: 20 maio 2021.

POWERS, Anna. A study finds that diverse companies produce 19% more revenue. **Forbes**, 27 jun. 2018. Disponível em: https://www.forbes.com/sites/annapowers/2018/06/27/a-study-finds-that-diverse-companies-produce-19-more-revenue/?sh=6b67fafe506f. Acesso em: 20 maio 2021.

RODRIGUES, Léo. Estudo revela tamanho da desigualdade de gênero no mercado de trabalho. **Agência Brasil**, 4 mar. 2021. Disponível em: https://bit.ly/3h6AVkz. Acesso em: 20 maio 2021.

ROSS, Stephen A.; WESTERFIELD, Randolph W.; JAFFE, Jeffrey F. **Administração financeira**: *corporate finance*. São Paulo: Atlas, 1995.

SÁ, Carlos Alexandre. **Fluxo de caixa**: a visão da tesouraria e da controladoria. São Paulo: Atlas, 2014.

SARAIVA, Adriana. Trabalho, renda e moradia: desigualdades entre brancos e pretos ou pardos persistem no país. **Agência IBGE Notícias**, 12 nov. 2020. Disponível em: https://bit.ly/35S541P. Acesso em: 20 maio 2021.

SECURATO, José Roberto. **Cálculo financeiro das tesourarias**: bancos e empresas. 5. ed. São Paulo: Saint Paul, 2014.

SMITH, Adam. **A riqueza das nações**: investigação sobre sua natureza e suas causas. São Paulo: Abril Cultural, 1983.

SMITH, Adam. **Teoria dos sentimentos morais**. São Paulo: Martins Fontes, 2015.

THE INCLUSIVE TALENT POOL: employing people with intellectual and developmental disabilities, **i4pc**, 2014. Disponível em: https://go.i4cp.com/inclusivetalent. Acesso em: 20 maio 2021.

TORRES FILHO, Ernani Teixeira. O estouro de bolhas especulativas recentes: os casos dos Estados Unidos e do Japão. **Texto para Discussão**, Ipea, Brasília/Rio de Janeiro, 1990. Disponível em: http://repositorio.ipea.gov.br/bitstream/11058/4409/1/td_2096.pdf. Acesso em: 20 maio 2021.

VIEIRA SOBRINHO, José Dutra. **Matemática financeira**. 8. ed. São Paulo: Atlas, 2018.

What is the "S" in ESG? **S&P Global**, 4 fev 2021. Disponível em: https://www.spglobal.com/en/research-insights/articles/what-is-the-s-in-esg. Acesso em: 20 maio 2021.

ZENTGRAF, Roberto. **Matemática financeira objetiva**. Rio de Janeiro: [s. n.], 2009.

ÍNDICE GERAL

A (Ambiental) 183
Abrangência das finanças 32
Ações em Tesouraria 87
Acompanhamento do projeto que recebeu o investimento 122
Ambiental, Social e Governança (ASG) 23
Análise de cenários 121
Análise do caixa 113
Apêndice – Evolução das finanças nas estruturas empresariais 187
Área financeira e suas responsabilidades, A 29
Armadilhas que colocam o caixa em risco 108
Arquivamento e documentação 136
ASG 182
Aspectos tributários 150
Auditoria 23, 139

Balanço Patrimonial (BP) 79
Bancos 103
Bom relacionamento 169

Caixa e disponibilidades 81
Capital de giro 99
Capital social 87
Comercial/Marketing 24, 154
Como interpretar e utilizar as demonstrações financeiras 67
Compliance 141
Conceito de finanças 31
Conceitos contábeis 69
Conceitos das principais linhas do ativo 81
Conceitos das principais linhas do passivo 83
Conceitos fundamentais e matemática financeira 47
Conceitos preliminares 115
Considerações práticas 159
Contabilidade 40
Contas a Pagar 38
Contas a Receber 81
Controle e auditoria da área financeira 131
Corretoras de câmbio 103
Corretoras de seguros e seguradoras 104
Custos 74

Demonstração do Fluxo de Caixa (DFC) 89
Demonstração do Resultado do Exercício (DRE) 70
Depreciação 75
Despesas antecipadas ou a apropriar 82
Despesas operacionais 74
Diferenciação de um profissional de finanças – o que buscar para entender a empresa como um todo 181
Divisão de responsabilidades 137

Empresa e sua estrutura interna, A 21
Empréstimos e financiamentos (curto prazo) 86
Equilíbrio 169
Estoques 82
Estudo de caso
    Abrir ou não a loja 126
    Andamento de um contrato, O 161
    Boas práticas socioeconômicas 185
    Falta de fôlego do caixa 111
    Fraudes bilionárias 144
    Importância da poupança, A 63
    Motivação para a abertura de uma empresa 27
    Petrobras 91
    Relação entre área financeira e cliente 44
Ética 168, 172
Exemplo prático 19, 42, 60, 75, 85, 104, 106, 138, 140, 142, 174
Exercícios propostos 28, 45, 65, 94, 112, 129, 146, 164, 186
Exigível a longo prazo 86
Expansão repentina 109

Faturamento e Contas a Receber 35
Financeira 26
Fiscal/Tributária 40
Fluxo de caixa das atividades de financiamento 90
Fluxo de caixa das atividades de investimentos 90
Fluxo de caixa das atividades operacionais 90
Fontes de financiamento 122
Fornecedores a pagar 83
Funções da empresa e sua estrutura organizacional, As 15

G (Governança) 184
Gastos excessivos 108
Gênero 178
Gestão da Tesouraria operacional 109
Gestão do caixa 95

Honestidade 168

Imobilizado 83
Impacto da ética e compromisso social nas finanças 174
Importância da análise conjunta, A 120
Importância de um contrato comercial na área financeira, A 156

Imposto de renda (IR) e Contribuição Social sobre o Lucro Líquido (CSLL) 77
Impostos sobre vendas 73
Inclusão 176
Inflação 58
Intangível 83
Interfaces da área financeira 147
Investimentos 83

Jurídica 25, 149
Juros compostos 52
Juros simples 51

Logística e Suprimentos 25, 152
Lucro líquido ou prejuízo 77
Lucros ou prejuízos acumulados 88

Margem de lucro 117
Matemática aplicada às finanças 49
Modelo de negócio 21
Modelos contratuais 108
Muita estrada à frente 179

Na empresa 172
Nas grandes empresas 43
Nota do editor 7

Obrigações trabalhistas 84
Obrigações tributárias 86
Operações 24, 154
Orçamento e Gestão 41
Orçamentos excessivamente otimistas 108
Organização 170
Outras obrigações (curto prazo) 86
Outras receitas ou despesas 77
Outros créditos 82

Patrimônio líquido 86
Payback 117
Perfil de um financista, O 167
Persistência e curiosidade 170
Pessoas com deficiência (PCD) 176
Política de caixa mínimo 109
Por que constituir uma empresa? 19
Por que precisamos alinhar esses assuntos? 49
Possibilidades de carreira, As 170
Postura profissional 168
Prefácio – Marcelo Bacci 9
Presidência 23
Principais indicadores financeiros e econômicos e seus impactos no dia a dia 57
Produto Interno Bruto (PIB) 57
Profissional de finanças, O 165

Profissional ou acadêmica 171
Pública ou privada 171

Raça 177
Realizável a longo prazo 82
Receita operacional bruta 72
Recursos Humanos 25, 153
Referências 191
Regra de três 50
Relacionamento com a área comercial 33
Relacionamento com a área jurídica 34
Relacionamento com bancos e outras instituições financeiras 102
Relacionamento com Logística e Suprimentos e com Operações 33
Relacionamento com o RH 33
Relacionamento entre as diversas áreas da empresa, O 149
Relevância dos controles na área financeira, A 133
Reserva de capital 87
Reservas de lucros 87
Responsabilidade social e ambiental 179
Resultado financeiro 76

S (Social) 183
Sigilo 168
Simplicidade 169
Sistema Price ou Sistema de Prestação Constante 56
Sistema SAC 55
Sistemas de amortização 54
Subáreas da Diretoria Financeira, As 34
Sumário 5
Surgimento da empresa e seu valor para os *stakeholders*, O 17

Taxa de câmbio 59
Taxa de juros 58
Taxa Interna de Retorno (TIR) 119
Taxa Selic 59
Ter em mente que receita e lucro não são, necessariamente, caixa 110
Tesouraria 39
Tudo começa e termina no caixa 97

Valor do dinheiro no tempo 61
Valor Presente Líquido (VPL) 118
Viabilidade de empreendimentos, A 116